AUDREY C

TÉCNICAS METAFÍSICAS

Que realmente funcionan

EDICIONES OBELISCO

Si este libro le ha interesado y desea que le mantengamos informado de nuestras publicaciones, escríbanos indicándonos qué temas son de su interés (Astrología, Autoayuda, Ciencias Ocultas, Artes Marciales, Naturismo, Espiritualidad, Tradición...) y gustosamente le complaceremos.

Puede consultar nuestro catálogo en http://www.edicionesobelisco.com

Colección Nueva Consciencia
TÉCNICAS METAFÍSICAS
Que realmente funcionan
Audrey Craft Davis

1ª edición: febrero de 2002
2ª edición: febrero de 2004

Diseño de cubierta: *Michael Newman*
Traducción: *Verónica d'Ornellas*

© 1996 by Audrey Craft Davis
(Reservados todos los derechos)
© 2002 by Ediciones Obelisco
(Reservados todos los derechos para la presente edición)
Publicado por acuerdo con Valley of the Sun Publishing

Edita: Ediciones Obelisco S.L.
Pere IV, 78 (Edif. Pedro IV) 3ª planta 5ª puerta.
08005 Barcelona-España
Tel. 93 309 85 25 - Fax 93 309 85 23
E-mail: obelisco@edicionesobelisco.com

Depósito Legal: B-6.022-2004
ISBN: 84-7720-846-8

Printed in Spain

Impreso en los talleres gráficos de Romanyà/Valls S.A.
Verdaguer, 1 – 08076 Capellades (Barcelona)

ÍNDICE

■ ■ ■ ■ ■

A mi maravilloso marido, Louis, sin cuya comprensión, asistencia y fe quizá no hubiese sido capaz de escribir este libro. A mi amigo y técnico informático, John Meyers, por su inquebrantable paciencia y fe en mí. A mi hija, Alice Schuler; a mi hijo James V. Craft; a mi cariñosa hermana, Minnie Beam, y en especial a mi difunta madre, quien me enseñó los verdaderos valores y a creer en mí misma. A mi difunto hermano, Jim, quien regresó en varias ocasiones, tal como lo había prometido, para confirmar que hay vida después de la muerte.

INTRODUCCIÓN
* * * * * * * * * * *

Técnicas metafísicas
que realmente funcionan

¿Qué es la metafísica? Cuando se traduce de las palabras griegas *meta*, que significa «después», y *physika*, que significa «lo físico», metafísica significa literalmente «por encima y más allá de lo físico». El diccionario *Merriam Webster's* define la palabra como «estudios filosóficos abstractos, un estudio de lo que está fuera de la experiencia objetiva».

Yo prefiero definir la metafísica como una ciencia natural de la mente (la ciencia del ser) y el verdadero lenguaje del alma en su diálogo entre las naturalezas Divina y humana.

Técnicas metafísicas que realmente funcionan te guiará en el desarrollo de tu potencial espiritual y mental superior, y te enseñará a mejorar tu vida y asumir el mando de tu mundo. Aprenderás a controlar las influencias invisibles y a alcanzar lo aparentemente imposible mediante la utilización de estas poderosas técnicas espirituales que se basan en el uso adecuado de las leyes universales.

En el **capítulo uno** verás que tus pensamientos te han convertido en lo que eres actualmente. Aprenderás las técnicas para realizar mapas del tesoro que pueden ayudarte a conseguir eso que ahora te parece imposible. Se te proporcionarán ejemplos y técnicas que te conducirán, paso a paso, a la realización de tus sueños más queridos. El poder del pensamiento es tan asombroso que es capaz de cambiar el curso de una civilización. Los pensamientos colectivos tienen un tremendo efecto en el planeta. ¿Sabías que con tu forma de pensar no sólo estás creando el mundo actual, sino que también el que heredarás en tu próxima vida?

La Biblia, el Corán, el Bhagavad-Gita y otros libros sagrados y escrituras admiten el conocimiento de espíritus y ángeles. Todo el mundo tiene un ángel de la guarda; ¿estás en contacto con el tuyo? En el **capítulo dos** aprenderás una técnica fácil para iniciar el contacto con tu ángel guardián y recibir su orientación. También leerás emocionantes relatos de hechos reales en los que ángeles guardianes han realizado hazañas imposibles. Este capítulo también habla de fantasmas y de mis propias experiencias cuando vivía en una casa en la que había espíritus que permanecían en la Tierra.

El **capítulo tres** te presenta a tu propio genio personal, que nunca cuestionará tu juicio y que nunca duerme. Este genio puede proporcionarte un maravilloso poder para alcanzar tus mayores deseos. Este mismo genio, cuando es dirigido erróneamente, puede provocar tanta infelicidad como placer. Aprenderás técnicas para acceder al poder de tu mente subconsciente y tener a este obediente servidor bajo tu control.

¿Sabías que una persona puede estar en dos sitios al mismo tiempo? En el **capítulo cuatro** leerás ejemplos de sabios que lo han hecho, así como ejemplos de personas normales que han experimentado este fenómeno conocido como «biubicación». Aprenderás una sencilla técnica de proyección astral que te permitirá a salir de tu cuerpo físico y ascender en forma de espíritu a cualquier destino que elijas. Aprenderás que este cuerpo, al que consideras tu «yo», ¡no es tu *verdadero* yo! Una vez que has dominado esta técnica, nunca más temerás la aparente separación de la muerte; antes bien, la reconocerás como parte del eterno crecimiento y el ciclo de cambios.

En el **capítulo cinco** aprenderás una técnica metafísica que impulsa la energía mental, física y espiritual casi de inmediato y dura horas. Es tan poderosa, que debes realizar este ejercicio *únicamente* por la mañana; de lo contrario, ¡tendrás tanta energía que de noche no podrás dormir!

¿Conoces el poder de los números? Por ejemplo, ¿sabías que el número trece es el número que da más suerte? Muchas personas creen que es de presagio de mala suerte o un símbolo de la muerte. En lugar de eso, el trece representa la vida y el logro a través de la regeneración, lo cual significa realización o infinito. Además, El trece es un número «sagrado», que es indivisible. En el **capítulo seis** descubrirás que los números existían antes que las letras. Es por esta razón que las letras tienen un valor numérico. Los números pueden decirte muchas cosas sobre tu vida y la de los demás. ¿Qué tipo de día o año tienes? ¿Te has preguntado alguna vez si tu pareja y tú sois compatibles? Este capítulo te ofrece una técnica que te enseñará a encontrar las respuestas.

¿Tengo derecho a prosperar? El **capítulo siete** te demostrará que ser pobre no es una virtud y ser rico no es un vicio. De hecho, es tu deber prosperar. Este capítulo te enseña a hacerlo. He conocido a trece millonarios que obtuvieron su riqueza mediante el uso de leyes metafísicas, aunque ninguno de ellos conocía el término «metafísica». Cada uno de ellos puso en funcionamiento, accidentalmente, la ley metafísica de la prosperidad y recogió la cosecha de la abundancia sin saber cómo lo había hecho. También he visto a muchas personas que están al otro lado de la balanza, que utilizaron leyes metafísicas para seguir siendo pobres para siempre.

El **capítulo ocho** te enseñará a construir un inestimable poder energético y a almacenar y utilizar este poder para tu propio beneficio y el del planeta. Se trata de una fuerza sutil utilizada en muchos dones psíquicos, como la proyección astral, la precognición, la levitación, la psicometría, así como la sanación y la protección. También aprenderás técnicas para leer, fortalecer y sanar tu aura y la de tus seres queridos.

¿Sabías que el cuerpo astral puede ser sanado, produciendo, por lo tanto, el mismo efecto que en el cuerpo físico? En el

capítulo nueve aprenderás una técnica de sanación científica que puedes usar en tu beneficio y en el de los demás. Aprenderás que toda sanación es divina, tanto si se trata de imposición de manos, cirugía, medicación o instinto natural

¿Has vivido anteriormente? El **capítulo diez** nos dice que, ciertamente, es probable que hayamos vivido ¡muchas vidas! Las personas que ahora están en tu vida probablemente estuvieron contigo en otras vidas. ¿Te gustaría descubrir quién fuiste en otra vida? Aprende una sencilla técnica que no requiere de la hipnosis o la regresión.

Conoce los misterios del más allá en el **capítulo once**. Está lleno de sucesos místicos reales que te darán escalofríos y de técnicas sencillas que puedes utilizar para comunicarte con los espíritus de seres queridos que se han marchado.

Verás que en la mayoría de capítulos describo una técnica y luego, al final del capítulo, la vuelvo a repetir. Esto tiene un propósito. En primer lugar, te familiarizas con la técnica al leer sobre ella y luego, al final del capítulo, sigues las instrucciones paso a paso para utilizarla e incorporarla a tu vida.

Como sucede con cualquier tema profundo, cuanto más aprende uno, más tiene uno que aprender. Fueron necesarios varios años de estudios universitarios para obtener mis títulos de metafísica, psicología y divinidad. Einstein dijo en una ocasión: «Si pudiera vivir mil años, ¡quizá podría aprender algo!».

La metafísica no es un destino, sino un viaje que dura toda la vida. Las leyes universales de la metafísica dan su recompensa de acuerdo con nuestros conocimientos sobre cómo utilizarlas. La ignorancia de estas leyes metafísicas básicas no lo exime a uno de sus consecuencias, ¡tanto si son buenas como si son malas! No podemos cambiar las leyes. Lo que podemos hacer es aprender a usarlas, no sólo para nuestro propio bienestar, sino para el de toda la gente del planeta.

CAPÍTULO UNO

Los pensamientos y el mapa del tesoro

Las palabras y los pensamientos son cosas

El poder del pensamiento es el mayor poder que hay en el universo. Es el producto del proceso de pensar, el cual incluye aprender, desarrollar conceptos, la memoria, la creatividad, la comunicación, usar palabras, abstraer, comprender, intuir, la lógica, la solución de problemas, la racionalidad y anticipar el futuro. Esta vibración mental está en el corazón de nuestro centro creativo, permitiéndonos ser co–creadores de las manifestaciones que hay en nuestras vidas.

Toda fuerza o poder deriva del pensamiento. El poder del pensamiento se transmite de una mente a otra, y de la mente al cuerpo, en todos los seres vivos. Los pensamientos trabajan con otros pensamientos en toda la infinidad. El pensamiento es tan poderoso que la fuerza de un pensamiento puede cambiar el curso de una civilización, aunque nadie sabe exactamente lo que es. A pesar de los grandes pasos que ha dado la ciencia en dirección a un modelo de funcionamiento del cerebro, sigue siendo incapaz de analizar el pensamiento o de diseccionarlo en el laboratorio o de verlo a través de un microscopio.

La ley universal del pensamiento dice que la actividad mental del reino físico dirige el curso de los átomos del universo para realizar manifestaciones tridimensionales. En otras palabras, cada pensamiento que sale del cerebro envía vibraciones hacia la atmósfera; la intensidad de la concentración del pensador determina el efecto. Esta ley universal funciona a causa de otras leyes universales, incluida la ley universal de que los iguales se atraen. Nos convertimos en un polo negativo o en uno positivo, dependiendo de la dirección de nuestros pensamientos.

Si proyectas pensamientos furiosos, resentidos, llenos de odio, atraerás energías dañinas hacia ti mismo. Si emites una energía positiva, amorosa, invitarás el mismo tipo de pensamientos y sentimientos. Los pensamientos negativos crean una atmósfera discordante, mientras que los positivos producen armonía. El libre albedrío nos da la opción de pensar positiva o negativamente: ¡podemos aceptar o rechazar un pensamiento! Ojalá yo hubiera sabido esto antes en mi vida. Creamos nuestro propio mundo con los pensamientos que tenemos... Tus propios pensamientos no sólo están creando tu mundo actual, sino también el que heredarás en tu próxima vida. Nuestra actividad mental dirige el curso del universo; la energía del pensamiento es la que mantiene unido al mundo. El metafísico Emmet Fox dijo: «Todo lo que se manifiesta en la Tierra es el equivalente mental de los pensamientos de cada ser humano que hay en ella». Elmer Green lo dijo de una forma más sencilla: «El mundo es pensamiento cristalizado».

El pensamiento positivo colectivo puede producir sanación y paz. Los sabios de la antigüedad lo sabían. Hacían que grandes grupos de personas cantaran o recitaran mantras. Ellos creían que los pensamientos y las palabras colectivos se unen y emiten vibraciones en el universo. Si estas vibraciones son de naturaleza positiva, el efecto resultante puede ser muy beneficioso, contribuyendo a la paz y la armonía en nuestro planeta. Y lo contrario también es cierto: el pensamiento colectivo puede tener resultados desastrosos si es negativo. Ejemplos de esto son la guerra, la pobreza y la hambruna.

Un ejemplo del poder del pensamiento colectivo puede encontrarse en el viejo adagio, «Los ricos son cada vez más ricos y los pobres cada vez más pobres». El hombre rico está tan ocupado pensando en su próximo millón que sus propios pensamientos forman una afirmación colectiva de su riqueza. El hombre pobre contribuye con sus pensamientos sobre cómo los ricos se hacen más ricos mientras él permanece en la pobreza.

Las palabras y los pensamientos son cosas; se materializan. El viejo adagio, «Lo que la mente del hombre puede concebir y creer, puede alcanzar», se demuestra a diario en prácticamente todos los campos en los que se encuentra el esfuerzo humano. A menudo, ponemos en marcha una situación mediante nuestros pensamientos. Yo tuve un pensamiento: «No debo derramar esto», y lo derramé, casi como si lo hubiese planeado. ¿Por qué? Nuestro subconsciente no oye las palabras negativas; sólo oye órdenes de acción. La imagen que había en mi mente era la de derramar la leche. Eso era lo que yo estaba intentando evitar, pero era exactamente lo que estaba visualizando. Lo que mi subconsciente oyó fue «Debo derramar esto», en lugar de «**No** debo derramar esto». Naturalmente, se me cayó la bebida mientras mi mente subconsciente intentaba realizar el deseo expresado que había oído.

Otro ejemplo de esto me lo relató una amiga. Me contó que su marido había volado en su *Piper Cub* cientos de veces sin que tuviera lugar ningún incidente, hasta que un día expresó su preocupación durante el desayuno. Mirando por la ventana, dijo: «Mira esa valla. Si alguna vez entrara volando demasiado bajo, ¡podría ser desastroso!». Efectivamente, la siguiente vez que voló en su avión entro volando demasiado bajo, ¡y se quedó sin un ala! Por supuesto, había creado eso al verbalizar el deseo a su subconsciente, el cual lo satisfizo. No debemos pensar o verbalizar algo negativo, ¡ni siquiera para censurarlo!

¿Cuántas veces pensamos en alguien y esa persona nos llama? Muchos negocios millonarios no son la idea de su propietario. A menudo son el resultado de que una persona recoja los pensamientos de otra que carecía de los recursos o el valor para llevar a cabo su propia idea.

Somos el capitán de nuestro propio barco. Nuestros ladrillos son nuestros pensamientos y, dado que producen según lo que son, debemos aprender a ignorar nuestros pensamientos negativos. ¿Has notado alguna vez que si piensas en una característica que te disgusta en una persona, al poco tiempo te estás preguntando cómo pudiste ver algo bueno en ella? Inversamente, el amor es ciego; sólo vemos lo bueno, lo cual atrae pensamientos similares.

Hace poco, un amigo lanzó su negatividad a mi bonito mundo. Cuando acabé de escuchar sus problemas, mi propio espacio ya era discordante. Descubrí que su intrusión me molestaba. Por supuesto que quería ayudarlo escuchándolo, pero dejé que ello alterara momentáneamente mi tranquilidad de ánimo. Había sido decisión mía permitir que su negatividad invadiera mis pensamientos. No podía culpar a nadie, excepto a mí misma.

Para obtener los resultados que deseas, debes aprender a pensar de otra manera. El mero hecho de tener ilusiones no es suficiente para utilizar adecuadamente las leyes universales y es posible que eso sólo satisfaga tus deseos de una forma incompleta o incluso inapropiada. Aprender a controlar nuestros pensamientos es una de las lecciones más importantes que podemos aprender. Éstos viajan por los éteres de una manera que se asemeja mucho a las ondas de radio, listos para ser recogidos por otras personas. La ciencia está de acuerdo en que todo pensamiento y toda palabra pronunciada siguen vivos en el espacio. Nuestros pensamientos son un puente a otros mundos.

Antes de que empieces este ejercicio, libera tu mente de toda negatividad. Despeja tu espacio; luego, deja caer un escudo invisible a tu alrededor. Imagina que sólo los pensamientos y las circunstancias de naturaleza positiva pueden atravesar este escudo. Visualiza un cordón dorado adherido a tu frente que se extiende hacia el infinito, abriendo perspectivas de la mente cósmica. Imagina a la esencia divina fluyendo hacia el interior de tu mente. A continuación, visualiza el tipo de mundo en el que te gustaría vivir. Ten pensamientos de abundancia, belleza y armonía para enriquecer tu propio mundo y para elevar la vibración del planeta.

Se ha dicho que «Todo pensamiento es una plegaria». ¿Qué estás pidiendo en estos momentos con tus plegarias? A menudo abrimos la puerta a espíritus impuros con nuestros pensamientos. Tengamos solamente los pensamientos que deseemos ver reproducidos en nuestro mundo y en las vidas de nuestros seres queridos. Entonces estaremos abriendo la puerta en la que sólo abundan espíritus de amor y beneficencia.

El mapa del tesoro

Hacer mapas del tesoro es una forma de plegaria. Requiere de más fe que la manera de rezar habitual y su diseño es científico. Cuando hacemos un mapa del tesoro estamos proporcionándole a la Fuente Divina una imagen concisa de lo que deseamos. En metafísica solemos decir que estamos haciendo «un tratamiento» para algo.

Tu mente subconsciente es el canal directo hacia la mente universal; tu manera de hacer realidad tus sueños. Cuando rezamos para obtener algo, tenemos una imagen en nuestra mente subconsciente de, exactamente, lo que queremos. Pero no puede ocurrir nada hasta que nuestras mentes consciente y subconsciente se pongan de acuerdo. El mapa del tesoro hace esto suceda.

Nuestra mente consciente gobierna todos nuestros sentidos. Cuestiona y razona; quiere que todo sea lógico. De modo que, cuando pides un coche nuevo y no tienes dinero en efectivo, o un crédito, tu mente consciente dice: «No es lógico. ¡No puede ocurrir!».

Cuando le mostramos a nuestra mente consciente una imagen, estamos estimulando algunos de nuestros sentidos, o quizá todos: la vista, el oído, el tacto y, a veces, incluso el gusto y el olfato. Para evitar el conflicto, necesitamos que la mente consciente vea la misma imagen que la subconsciente.

Las escrituras dicen: «Ponme a prueba ahora y abriré las ventanas del cielo y verteré una bendición tan grande que no podrás contenerla». ¿Qué se quiere decir con las palabras «Ponme a prueba»? Que debemos creer tan sinceramente que el Divino responderá a nuestras plegarias, que los deseos de nuestro corazón estén dispuestos a firmar un contrato. ¡Para eso es necesario un compromiso!

La técnica: Elige una imagen de una revista o un anuncio publicitario que represente aquello que deseas y ponla en un póster o en un libro. Yo uso un álbum de fotos. Así, puedo retirar la imagen fácilmente cuando se ha materializado. Sé que debo retirarla casi inmediatamente, a menos que quiera más de una.

Escribe siempre «Esto o algo mejor, Creador», y firma con tu nombre. Recuerda que, al poner tu nombre, estás firmando un contrato. Asegúrate de que realmente deseas eso que la imagen representa. Cuando contemples la imagen, siente gozo, como si ya tuvieras el objeto. ¡Sé entusiasta! La siguiente afirmación es una de las cosas más importantes que aprenderás jamás para hacer tus sueños realidad. De modo que memorízala. *Tu subconsciente no conoce la diferencia entre una experiencia real y una imaginaria.*

El mejor momento para practicar tu visualización es justo antes de dormirte y al despertar. Observa que, cuando te sientes somnoliento, tus sentidos están inactivos. En ese momento y mientras duermes, tu mente subconsciente tiene el control absoluto, sin la oposición de la mente lógica o subconsciente. Tu subconsciente nunca duerme. Trabaja las veinticuatro horas del día y es entre un noventa y un noventa y cinco por ciento más poderoso que tu mente consciente.

Cuando estás contemplando la imagen y sintiendo que ya posees el objeto que retrata, tu mente subconsciente cree que es cierto. Recuerda, *tu mente subconsciente no conoce la diferencia entre una experiencia real y una imaginaria.* Simplemente ve lo que tú quieres y se dispone a hacer que suceda. Dado que la mente ve en imágenes, sólo puede funcionar con la imagen que le proporcionas. Tu subconsciente es tu acceso directo al Creador y no tiene otra opción que actualizar tu imagen.

Hay una buena razón para escribir «Esto o algo mejor». Él sabe mejor que tú lo que es bueno para ti. Quizás tú desees un Cadillac y es posible que el Creador quiera que tengas un Rolls Royce.

Recuerdo cuando mi marido y yo estábamos haciendo un tratamiento para tener una vivienda más grande. Creíamos saber lo que queríamos. No conseguimos la casa que queríamos, sino otra igual a esa. El constructor de la vivienda que creíamos desear estaba teniendo dificultades económicas y nosotros no lo sabíamos. Fue una buena cosa que escribiéramos «Esto o algo mejor», pues el Creador conocía el problema. Ahora somos dueños de una muy similar, pero sin dificultades financieras.

Es importante conocer la diferencia entre el significado de «objetivo» y «subjetivo». Estás siendo objetivo cuando estás mirando algo que está fuera de ti, como una imagen. La frecuencia de onda cerebral beta (tu consciencia ordinaria cuando estás despierto) es objetiva. El subconsciente subjetivo está asociado con la frecuencia de onda cerebral alfa, que es entre un noventa y un noventa y cinco por ciento más poderosa que la mente objetiva, consciente. Cuando estás en el modo subjetivo, estás dentro de la imagen. Estás viviendo la experiencia de ser dueño de eso que deseas.

Por ejemplo, como mi marido y yo solemos viajar por todo el mundo, podemos ver un programa de televisión sobre un lugar que hemos visitado. Podemos entrar en la imagen y volver a experimentar la emoción de estar ahí. Esto es subjetivo.

Ahora la imagen cambia y es la de un lugar en el que nunca hemos estado. En este caso, estamos contemplándola. No estamos dentro de ella. Esto es objetivo. ¿Ves la diferencia?

Si estás haciendo un mapa del tesoro para conseguir una casa nueva, deberías encontrar la casa de tus sueños y entrar en ella. Experimenta la sensación de ser dueño de esa misma casa.

Esto te coloca dentro de la imagen, mirando hacia fuera, y no en el exterior, mirando hacia adentro.

Cuanto más consigas ser parte de la imagen, más rápidamente se materializará, como lo verás en la historia real de cómo la visualización de Doris de un coche nuevo se materializó casi de la noche a la mañana. Ella se convirtió en parte de la imagen. Sigue los pasos y fíjate de qué modo su acción fue subjetiva.

Pero, primero, un poco más de instrucción. Cada vez que contemplas tu imagen y haces tu visualización, estás reafirmando tu objetivo. Hazlo por las noches. Es sumamente importante que te quedes dormido con la sensación de que ya posees eso que está en tu mapa del tesoro. Tu mente subconsciente utilizará esa imagen para materializar tu deseo. Recuerda: *tu mente subconsciente no conoce la diferencia entre una experiencia real y una imaginaria.*

Cuando hagas esta visualización durante el día, es necesario que liberes la imagen inmediatamente cuando hayas acabado el ejercicio. Friega el suelo, quita las hojas secas con el rastrillo: haz cualquier cosa que exija un esfuerzo consciente. ¡Mantén ocupada a esa parte racional de tu mente! No te permitas pensar en tu sueño hasta la próxima vez que realices este ejercicio deliberadamente.

Recuerda que hacer un mapa del tesoro no es algo lógico ni razonable, pues estás pidiendo cosas que están fuera de tu alcance normal. El trabajo con el mapa del tesoro es una actividad subconsciente.

Es sumamente importante que tengas una imagen completa en tu mente. Si lo que quieres es un coche, debes saber el color que tiene por dentro y por fuera, de qué marca y modelo es. ¿Tiene dos puertas? ¿Tiene asientos ahuecados? ¿Sabes lo que se siente al conducirlo? Debes tener la sensación de que eres dueño de ese automóvil.

He aquí la historia de la experiencia de Doris con su mapa del tesoro:

El maltrecho Ford de Doris se detuvo delante de mi casa haciendo ruidos explosivos.

–Doris –exclamé. ¡Necesitas un coche nuevo!

–Sí, ¡dímelo a mí! Pero no puedo comprarme uno nuevo, de ninguna manera. ¡A duras penas consigo llegar a fin de mes! –suspiró Doris.

–Tienes razón. No podría estar más de acuerdo contigo. Mientras sigas pensando que no puedes, ¡no puedes! Es la fe, ¡y funciona! –dije.

–¿Qué quieres decir con eso de que es la fe? Yo creía que la fe era sólo algo en lo que uno creía –dijo Doris, inclinando la cabeza hacia un lado y mirándome burlona.

–Doris, ¿alguna vez has oído hablar de la fe negativa? –pregunté.

–No, cuéntame qué es la fe negativa –respondió, como si le hiciera un poco de gracia.

–La fe negativa es creer que no puedes hacer algo o tener cierta cosa. ¿No me acabas de decir que no podías tener un coche nuevo, de ninguna manera? –pregunté.

–Creía que lo único que estaba haciendo era decir la verdad –dijo.

–La verdad tal como la ve tu consciencia limitada. Yo te puedo enseñar cómo conseguir un coche nuevo. Si haces exactamente lo que te digo, ¡incluso te lo garantizaré! –le dije.

–Cariño, si tú me lo garantizas, ¿cómo podría perder? ¡Empezemos ahora mismo! –replicó apoyándose contra su destartalado cacharro.

–¿Tienes una foto del coche que más te gustaría tener? –le pregunté.

–¡Por supuesto! Sabía que era estúpido, pero fingí que iba a comprar un Toyota Corolla, ¡sólo para tener la oportunidad de conducirlo! –respondió.

–¿Qué sentiste al conducir ese coche? –pregunté.

–¡Fue como estar en el Cielo!

–¡Mantén ese sentimiento! Esa es la emoción que quiero que sientas cada vez que contemples la foto de tu coche. Dijiste que tenías una, ¿no?

–Por supuesto que la tengo. La he puesto debajo de mi almohada. Qué tontería, ¿verdad?

—No —respondí—. No es ninguna tontería. Vas a usar esa imagen para poseer tu coche. Vas a hacer un mapa del tesoro para conseguirlo.

—¿Que voy a hacer qué? ¿Qué diantres es un mapa del tesoro? —preguntó Doris.

Le dije que pusiera la foto en un póster y escribiera en la base: «Esto o algo mejor, Creador». Le indiqué que mirara la imagen a menudo, especialmente antes de ir a dormir y al despertar.

Le indiqué que debía sentirse eufórica cada vez que mirara la imagen, que sintiera como si ya fuera propietaria del coche. Si aparecía algún pensamiento negativo, debía decir con fervor: ¡Cancela!

Dos días más tarde, a las siete de la mañana, mi teléfono sonó insistentemente. Yo sabía que era Doris.

—¡Adivina! ¡No me vas a creer lo que te voy a contar!

—Tienes el Toyota delante de tu casa, ¿verdad? —respondí.

—¿Cómo lo sabes? —inquirió.

—Por el modo en que estabas siguiendo la fórmula, ¡tenía que funcionar! No podía fallar.

Ella estaba impaciente por contarme los detalles. Al parecer, no perdió el tiempo. Después de que yo le diera las instrucciones, al día siguiente volvió al concesionario para contemplar el coche de sus sueños.

—Creí que me iba a morir —me dijo. ¡El coche ya no estaba!

Agarrando al vendedor por las solapas, prácticamente le chilló:

—¿Dónde está el Toyota Corolla azul?

—Lo siento, señora, ¡lo vendimos ayer!

—Tiene otro igual, ¿no es verdad? —preguntó ella.

—No, señora, no lo tenemos y no creo que tengamos ninguno pedido. Lo siento.

Abatida, Doris empezó a caminar hacia su destartalado Ford, cuando Bob, su compañero, la llamó.

—¡Doris, ven aquí!

El vendedor caminó hacia Bob.

—Amigo, ya sé que lo hace con la mejor intención, pero no

la haga hacerse ilusiones. El terreno que está mirando es sólo para coches grandes. Nunca pondríamos un coche pequeño o mediano ahí.

Ignorando al vendedor, Bob avanzó hacia una zona azul y asomó la cabeza desde detrás de unos grandes automóviles.

—¡Doris, he encontrado tu coche! —volvió a gritar.

Ahí estaba. Una réplica exacta del coche de sus sueños. Pero podía verse que los asientos delanteros habían sido acuchillados, destruidos por unos vándalos.

Doris fue directamente a la oficina del director, decidida a encontrar la manera de hacerse dueña de ese coche. Podría poner fundas sobre los asientos, pensó.

—¿Qué piensa hacer con ese Toyota Corolla que ha sido atacado por unos vándalos? —preguntó.

—Tengo que enviarlo de vuelta a la fábrica para que le pongan asientos nuevos —respondió el director.

—¿No podría deducir esa cantidad de su precio actual? ¿No preferiría venderlo? Si puede hacer que esté a mi alcance, yo lo compraré —dijo ella, enderezando los hombros en un intento de parecer segura de sí misma.

Después de realizar varias llamadas telefónicas, el director decidió dejar que Doris se quedara con el coche, e incluso adecuó la forma de pago a su limitado presupuesto.

Actualmente, a Doris no le cabe ninguna duda de que «ver es creer».

Yo tengo un álbum aparte para lo intangible. En él pongo frases escritas a máquina o recortadas de literatura inspiradora para tener las cualidades que me gustaría adquirir, como ser más amable, más cariñosa, y para tener una buena salud mental y física. Añado imágenes que representan esas cualidades. A veces coloco fotografías de mis seres queridos con frases apropiadas. Si quieres perder unos cuantos kilos, resulta útil encontrar una foto tuya de cuando tenías un peso ideal y ponerle una leyenda apropiada debajo. Si no tienes una foto así, encuentra una de alguien que tenga tu talla ideal y sustituye la cara del modelo o la modelo con la tuya.

Continuamente, estamos realizando mapas del tesoro en nuestras mentes, pues no podemos pensar sin colocar una imagen ahí. Ten cuidado con lo que esa imagen proyecta. ¡Asegúrate de que sea algo que deseas que se materialice!

En estas técnicas puedes usar las palabras «Inteligencia Universal», «Todo lo Que Es», «El Divino», «Consciencia Cósmica», o cualquier otra que tú prefieras.

La técnica del Mapa del Tesoro

1. Ten una imagen mental completa de lo que quieres, hasta el más mínimo detalle.

2. Pega una imagen de esa cosa en un póster o en un cuaderno.

3. Escribe debajo de la imagen: «Esto o algo mejor. Gracias, Creador». Utiliza el nombre que tú quieras: Inteligencia Universal o Fuente Divina, o el que te haga sentir cómodo.

4. Firma con tu nombre, siendo consciente de que estás firmando un contrato.

5. Contempla la imagen con frecuencia, sintiendo la emoción de poseer esa cosa. ¡Afírmalo ahora! Recuerda: *tu mente subconsciente no conoce la diferencia entre una experiencia real y una experiencia imaginaria.*

6. Acéptalo y da las gracias.

7. En cuanto tu sueño se haya materializado, retira esa imagen y sustitúyela con la imagen de otra cosa que desees para ti o para otra persona.

CAPÍTULO DOS
■■■■■■■■■■

Distintos tipos de espíritus

Todo el mundo tiene ángeles guardianes, espíritus guías, guardianes celestiales, o como quieras llamarlos. La mayoría de las religiones del mundo identifica en sus enseñanzas a los espíritus guías o ángeles. En la antigua Grecia, se llamaba *daimon* al ángel. En las religiones orientales, a estos seres etéricos se les llamaba *Avatares, Gandharvas* o *Devas*. Mahoma habla de los ángeles en las escrituras musulmanas, y también son reconocidos en el Bhagavad Gita y el Corán. La Biblia hace referencia a los ángeles (espíritus) en 113 lugares.

Estos espíritus son seres avanzados, mentes-alma en el mundo etérico, que deben ser queridos y apreciados, pero sólo se debe adorar a la Presencia Divina. Estos seres han vivido innumerables vidas en el plano terrestre y han elegido, o se han ganado, el derecho a ayudar a los seres humanos en la evolución de sus almas. Son mensajeros de la luz interior y su propósito es despertar las cualidades superiores, ofrecer orientación, protección, asistencia, información psíquica e información oculta a las personas a las que sirven. Estos seres no toman decisiones por nosotros, pero nos ofrecen orientación cuando se la solicitamos.

Una persona puede tener varios de estos ángeles o espíritus

guías. Algunos permanecen con la persona durante toda su vida; otros pueden ser atraídos hacia ese individuo únicamente durante un período de tiempo, cuando pueden ser útiles. Deberíamos invocarlos a menudo. Sólo así pueden realizar su propósito en la Tierra.

Yo he visto a mis espíritus guías y mi marido también los ha visto. Han estado conmigo durante toda mi vida.

Recientemente me quedé dormida con una de mis piernas colgando de la cama. Desperté al sentir que una mano levantaba mi pierna y la colocaba suavemente sobre la cama. «Qué dulce es mi marido», pensé, pero al abrir los ojos vi que estaba profundamente dormido. Entonces supe que había sido mi espíritu guía.

La técnica. Puedes llegar a conocer a tus espíritus guías o ángeles de la guarda. Ve a una habitación tranquila, relaja tu cuerpo físico y tu yo consciente, y permite que tu mente se libere de toda preocupación. Enciende una vela. Mírala fijamente hasta que veas a tus espíritus guías entrar en el área en la que te encuentras. Diles que sabes quiénes son. Luego pídeles que hagan algo por ti o por algún ser querido. Al principio, es bueno hacer esto cuando estás a punto de irte a dormir, justo antes de quedarte dormido. Es el mejor momento para llegar a ellos, mientras la mente consciente, que razona, está inactiva.

Encuentros con ángeles guardianes

Cuando te hayas familiarizado con tus ángeles guardianes (espíritus guías) y hayas aprendido a confiar en ellos y en su orientación, es posible que aparezcan sin que tú los hayas convocado, tal como se demuestra en el siguiente suceso.

Una amiga me contó una experiencia con su ángel guardián que tuvo lugar mientras ella y su marido se estaban mudando a una casa nueva. Todo estaba yendo bien, hasta que Fred empezó a trasladar la nevera. La había llevado desde el camión hasta la casa, cuando se quedó atascado entre el marco de la puerta y la nevera. Ella corrió a ayudarle pero, aunque intentó con todas sus fuerzas mover la nevera, no lo consiguió. Lentamente, ésta estaba aplastando a Fred contra el marco de la puerta y él estaba empezando a tener dificultades para respirar.

Ella lo miraba llena de pánico, sin saber qué hacer. Entonces, envió mentalmente una desesperada petición de ayuda hacia el Cielo. «Te juro», me contó, «que un gran hombre musculoso apareció de la nada, levantó la nevera sin ningún esfuerzo, la llevó hasta la cocina y la colocó exactamente en el lugar donde habíamos decidido ponerla. Luego desapareció con la misma rapidez con que había aparecido, sin decir ni una palabra».

Hubo otro caso de asistencia de una ángel guardián en el que estuvo implicada mi hermana. Ella había tenido dos accidentes automovilísticos seguidos que le habían dañado seriamente los nervios del cuello, la cabeza y el cerebro. Como no sabía que las ondas sónicas le podían afectar, tomó un avión y viajó de Ohio a Florida para visitarme. Tuvo que cambiar de aviones tanto a la ida como a la vuelta. Cada vez que uno de los aviones despegó o aterrizó, ¡los cambios en las frecuencias sónicas estuvieron a punto de matarla!

Cuando fui a su encuentro en la terminal, me quedé pasmada. El rostro de mi hermosa hermana estaba distorsionado del dolor y ella estaba encorvada como una anciana. Apenas pude reconocerla: no se parecía en nada a la bonita mujer que yo conocía. Su marido me indicó con señas que me acercara a él y, con susurros, me pidió que no mostrase mi asombro.

Habían planeado una visita corta, pero acabaron quedándose varias semanas esperando a que mi hermana se recuperara. Peor que el dolor físico, era el debilitante temor a otro viaje en avión. Pero no había alternativa. Era el único medio para volver a su casa.

Mientras caminábamos hacia la puerta de embarque en el aeropuerto, ella se volvió hacia mí y me dijo: «Por favor, reza por mí. Estoy tan asustada. Si tengo que sufrir como sufrí al venir, te juro que me moriré».

25

«No temas, te prometo que no tendrás que soportar esa agonía en el viaje de regreso», le aseguré.

Durante la agitación de los abrazos y besos de despedida, me excusé brevemente con el pretexto de que iba a ver otra vez los horarios de salida. Caminé hacia la pantalla y simulé que buscaba información sobre su vuelo. En realidad estaba convocando a mis espíritus guías y pidiéndoles que acompañaran a mi hermana en su viaje. Les pedí que hicieran lo que fuera necesario para evitar que sufriera y que permanecieran a su lado hasta que estuviera de vuelta en casa, sana y salva.

A su regreso, mi hermana me escribió: «Hermanita, si alguna vez dudé de ti en el pasado, nunca más lo volveré a hacer. Todavía estoy maravillada por el hecho de que mi viaje fuera tan placentero. Incluso al llegar a casa, me sentí reconfortada y a salvo».

Animales guardianes

Los espíritus pueden adoptar otras formas que no son humanas, como verás en la siguiente historia.

Cuando era niña, yo tenía un «perro fantasma» que se colocaba junto a mi cama todas las noches. Yo sabía que tenía que ser un perro fantasma, porque mi familia no me permitía tener perros. Incluso si me lo hubiesen permitido tener uno, mi madre nunca hubiese dejado que el animal entrara en la casa. El perro tenía el aspecto de un doberman ponscher, con unos ojos negros como el fuego, y era de la altura de mi cama.

Mi «perro fantasma» me intrigaba y, al mismo tiempo, me daba miedo. Una noche en la que me sentía particularmente valiente, decidí averiguar si el perro estaba vivo, o si era verdaderamente un fantasma. Me metí en la cama y aguardé a su llegada. En un destello, apareció: tan grande como un perro de verdad. Poco a poco, fui sacando la mano de debajo de las mantas. La volví a meter varias veces, hasta que pude reunir el valor suficiente.

Finalmente, lo hice. Empujé la mano hacia el perro. Mi

mano lo atravesó. La retiré y lo volví a intentar... y ocurrió lo mismo. Él permaneció ahí. «Es un fantasma». No había ninguna duda. «¿Por qué está aquí?», me pregunté. Tenía tantas ganas de hablarle a alguien de mi perro fantasma... pero él siguió siendo un secreto durante mucho, mucho tiempo. Sabía que lo más probable era que se rieran de mí o que no me creyeran.

Cuando era más pequeña había intentado hablar de algunas de mis experiencias psíquicas y había descubierto, para mi sorpresa, que no todo el mundo tenía amigos invisibles, ni flotaba en las nubes, ni sabía de antemano lo que iba a suceder. Desde entonces, he leído que los niños psíquicos pueden ver perros fantasmas o caballos fantasmas durante los primeros años de su infancia. Con el tiempo, me olvidé del perro. No se lo conté a mi madre, ni a mi hermana y, ciertamente, más adelante tampoco se lo conté a mis hijos. Este episodio se perdió con mis otras aventuras de la niñez.

Un día, muchos años después, cuando mis hijos ya eran adultos y tenían sus propias familias, mi hija me llamó para hablarme de un fenómeno psíquico que le había salvado la vida.

Me habló de un gran perro negro que parecía un doberman pinscher con ojos de fuego, que había saltado al capó de su coche. Instintivamente, ella había dado un frenazo. Mientras su coche se detenía bruscamente con un chirrido, un enorme tractor con remolque pasó rugiendo delante de ella. Se había detenido justo a tiempo para evitar una colisión frontal con el tractor.

«El perro desapareció en el aire», exclamó. Entonces, por primera vez, le hablé de mi «perro fantasma» de la infancia. Estaba segura de que mi perro guardián y el perro que había detenido su coche eran el mismo. Me sentí agradecida de que la hubiera protegido. Me pregunto cuántas veces nos habrá protegido, no sólo a mí, sino también a mis seres queridos.

En este capítulo sobre los distintos tipos de espíritus, debo hablaros de mis espíritus más convincentes. No son tan conocidos como otros tipos de espíritus, como los fantasmas que andan por algunas casas, los ángeles de la guarda y aquellos que adoptan formas diferentes a la humana, como los que he mencionado en este capítulo.

Espíritus maestros

Mis espíritus más inspiradores son siete grandes sabios que vivieron durante suficientes encarnaciones como para purificar sus almas. Ellos han elegido permanecer en forma de espíritu para ayudar a la humanidad merecedora. Yo he visto a estos grandes seres. La primera vez me encontraba en un estado de meditación profunda. Abrí los ojos y vi a los siete, todos mirándome. Los he invocado varias veces. En una ocasión, cuando había establecido un objetivo que, según los parámetros humanos, parecía imposible, no sólo lo alcancé, sino que además lo superé.

Yo llamo a estos espíritus el Círculo Místico de los Siete Secretos (CMSS). Me pregunto por qué las personas implicadas en los ámbitos paranormal y metafísico no los mencionan más a menudo. Creo que esto se debe a que uno sólo puede contactarlos a través del portal del subconsciente por medio de la frecuencia de onda cerebral alfa. Ellos son parte de la esfera superior. Son necesarios años de estudios y meditación para llegar a ellos. Además, al parecer, ellos sólo participan cuando la situación es trascendental o de consecuencias mundiales.

El propósito para buscar su ayuda debe estar más allá del beneficio personal, como es el caso del objetivo de ayudar a la humanidad, de elevar las vibraciones del planeta Tierra a través del trabajo artístico, de alimentar, ofrecer alojamiento y vestido a las personas sin hogar, o de los inventos que elevan el nivel de nuestro mundo. Al hablar del CMSS con algunos artistas e inventores de mucho éxito, descubrí que la mayoría de ellos reconocían invocar a una fuente superior. Dos de ellos dijeron que sus espíritus guías eran siete. Me pregunto si se trata del mismo grupo al que estoy haciendo referencia o si es que, quizá, los espíritus son atraídos de acuerdo con la actividad artística. Un artista podría atraer a grandes almas como Miguel Ángel y otras del mismo género, mientras que los inventores podrían atraer a Edison o Ford.

Es ampliamente conocido que la mayoría de nuestros grandes inventores y genios consultaban con espíritus. Edison solía tener habitualmente discusiones de mesa redonda con fuerzas invisibles, reservando una silla para cada una de ellas. Hacía preguntas y recibía respuestas, y tomaba notas durante cada sesión.

A lo largo de la historia, muchos artistas, inventores y científicos famosos han reconocido recibir una ayuda que estaba fuera del ámbito de la intervención humana. Entre ellos, Ford y Einstein.

El camino del subconsciente es un camino misterioso. Un genio creativo puede pintar o esculpir una obra maestra, pero si le pides que se siente y cree otra pieza exactamente igual a esa, es incapaz de hacerlo porque ella provino de la mente subconsciente.

Es probable que la grandeza se alcance siempre a través de la frecuencia de onda cerebral alfa, el camino a lo divino; el mundo de la creatividad invisible.

Espíritus que permanecen en la Tierra

Aprendí de primera mano lo que son los espíritus que permanecen en la Tierra, porque viví varios años en una casa encantada. Estos espíritus son entidades no encarnadas que están confundidas; personas que, después de morir, permanecen atadas al plano material en un cuerpo astral inferior, en lugar de seguir su camino. Algunos de los espíritus que permanecen en la Tierra son retenidos por un vínculo emocional de su reciente vida que ellos no comprenden, o por fuertes deseos terrenales con los que son incapaces de romper. Otros son retenidos por la creencia de que no están muertos, porque nunca creyeron en la vida después de la muerte o nunca pensaron en nada que no fuera su existencia temporal. No se dan cuenta de que están muertos e intentan continuar con su vida normal, inconscientes de que no pueden ser vistos. En muchas ocasiones los espíritus son retenidos en el plano terrestre por familiares o amigos que no dejan de llorar su muerte y no los dejan libres para seguir su camino.

Debo hablarte de mis propios conflictos con unos espíritus que permanecían en la Tierra y que no sabían que estaban muertos. La historia que contaré a continuación es una experiencia de la vida real.

Poco después de mudarme a mi nueva casa, desperté una noche con la certeza de que alguien me estaba mirando. La tenue luz que se filtraba por la ventana me dejó ver a una figura encapuchada que estaba de pie junto a mi cama. Mientras yo encendía la luz frenéticamente, la aparición se esfumó. Me senté en la cama. ¿Alguien me estaba gastando una horrible broma? Durante las semanas siguientes, tuvieron lugar muchos más sucesos extraños. Empecé a darme cuenta de que, probablemente, en mi casa de cien años de antigüedad había fantasmas. Intenté no creerlo y me dije que mi imaginación me estaba jugando una mala pasada. Pero yo sabía que no estaba imaginando los escalofríos que me rodeaban cada vez que me levantaba en medio de la noche. Podía oír pies que se arrastraban, el crujido de pesados tejidos y el sonido de alguien en la escalera, yendo y viniendo constantemente.

Mi vieja casa tenía una gran cocina en la que se podía comer, pero a veces daba la sensación de que estaba llena, cuando en realidad sólo había dos personas sentadas a la mesa. Las cosas se caían al suelo como si alguien las hubiera empujado. Era como si la cocina estuviera llena de gente, lo cual hacía que cocinar me resultara extraño.

Todas las personas que me visitaban sabían que había algo muy extraño en mi casa. Un día, Ellen, mi sobrina, bajó las escaleras corriendo después de haber pasado la noche ahí, gritando: «Tía, ¿sabías que hay gente rara ahí arriba?».

Después de su primera visita, un amigo se negó a volver.

Me dijo que, desde el momento en que había entrado en mi casa, algo le había presionado con tanta fuerza en el pecho que apenas había conseguido respirar. Esto no le había sucedido en ningún otro lugar.

Mi novio sentía su presencia con tanta claridad que solía decir, automáticamente, «permiso» cada vez que pasaba delante de uno de ellos. Después se sentía avergonzado cuando se daba cuenta de que ahí no había nadie.

Uno de ellos se materializó en dos ocasiones. Tenía la apariencia de un hombre de unos cuarenta años, de complexión mediana, musculoso, con pelo lacio y oscuro. Vestía tejanos y una camisa blanca deportiva.

En aquella época, mi hermano vivía conmigo. Una noche, cuando yo regresaba de misa, me pareció verle en la puerta que daba al salón. Tenía la mano apoyada contra la parte posterior de su cabeza, como si estuviera sumido en sus pensamientos, y se encontraba de espaldas a la puerta de entrada. La luz estaba encendida y lo pude ver claramente a través de la puerta de vidrio.

Di un golpe en la puerta, pero él no prestó ninguna atención. Golpeé con más fuerza y grité: «Jim, ábreme». Pero él no hizo ningún movimiento hacia la puerta. Busqué mis llaves en mi bolso y entré. Caminé hacia él, preguntándome por qué no me había respondido. Ahí, delante de mis ojos, la figura desapareció. Subí las escaleras corriendo y encontré a mi hermano profundamente dormido. Tuve que enfrentarme a ello... Se trataba de un fantasma.

En otra ocasión, mi amiga Edith vino a verme en busca de consuelo. Su marido, Hank, había muerto. Su funeral iba a tener lugar esa misma tarde y a ella le estaba resultando muy difícil enfrentarse a ello.

Mientras estábamos sentadas hablando de Hank, él pasó caminando justo delante de nosotras, balanceando los brazos como solía hacerlo. Llevaba puesta la misma camisa blanca y los mismos pantalones oscuros que solía vestir. Edith casi se desmaya mientras él desaparecía en el vestíbulo.

Al día siguiente, mi hermano Jim y yo estábamos sentados en el salón hablando del fenómeno relativo a nuestros habitantes invisibles. Esos espíritus habían hecho muchas cosas extrañas, y yo empecé a darme cuenta de que debían tener poderes mucho mayores de lo que yo era capaz de imaginar. Nunca sabíamos qué esperar.

De repente, Jim dio un grito sofocado y señaló hacia la escalera. Contemplamos asombrados cómo una nube gris descendía por ellas. Al principio la nube era confusa, pero mientras bajaba flotando empezó a adquirir la forma de un hombre. Permanecimos sin habla mientras la figura entraba en mi dormitorio, que estaba ubicado cerca de dónde nos encontrábamos nosotros sentados. No podíamos ver lo que sucedía dentro, de modo que nos pusimos de pie y echamos una mirada furtiva para ver qué era este extraño suceso. La misteriosa formación nubosa había aterrizado sobre mi cama. Una observación más detenida reveló a Dan, mi inquilino del piso de arriba. Parecía estar profundamente dormido. Entonces, para nuestra sorpresa, en una nube gris, sus zapatos se materializaron junto a la cama.

Anteriormente, yo había notado que a los espíritus no les gustaba que hubiera visitas en la casa, pero nunca esperé esta muestra de desafío. Al parecer, de algún modo, habían hecho que Dan entrara en una especie de trance sonámbulo y lo habían transportado, literalmente, hasta mi habitación.

Dan se marchó al día siguiente sin decir una palabra sobre lo que había experimentado. Quizá no supiera que había bajado las escaleras. Pero, al igual que muchas de mis visitas, no quería saber nada de todo eso.

Yo siempre había sentido que los espíritus eran personas que habían vivido en mi casa y a las que les encantaba ese lugar. No los consideraba siniestros o amenazadores. Sin embargo, este último incidente y algunos otros que vinieron a continuación, podían hacerme cambiar de opinión. Con tantas cosas peculiares teniendo lugar una tras otra, empecé a preguntarme si no debería considerar librar a mi casa de estos extraños personajes.

¿Debía exorcizar la casa, como me habían sugerido en repetidas ocasiones los amigos que habían experimentado este fenómeno? ¿Tenía derecho a hacerlo? Los espíritus estaban ahí desde antes de que yo comparara la casa. ¿Y si yo era la intrusa? Estos pensamientos me rondaban la mente mientras pensaba en el dinero que había gastado en comprar y renovar la vivienda.

También recordé las experiencias que había soportado al intentar aprender a vivir con esos fantasmas. Mi mente viajó hasta mis esfuerzos por conquistar mi miedo y lo difícil que me había resultado el mero hecho de reconocer su presencia.

Recordé la ocasión en que había apagado todas las luces y había caminado por mi enorme casa, muerta de miedo... rodeada de un frío que no era de este mundo. Deseaba desesperadamente alargar la mano hacia el interruptor de la luz. Sabía que si lo hacía probablemente no volvería a tener el valor suficiente para a estar a solas en la oscuridad. Tenía que mantenerme firme. Razoné que, si yo reconocía su derecho a vivir ahí, quizá ellos reconocieran el mío. Pareció como si supieran lo que estaba pensando, pues los escalofríos cesaron súbitamente.

«Ajá», pensé, «están usando telepatía mental». Como ahora conocía su secreto, podía aprender a comunicarme con ellos. Mediante la experimentación descubrí que si quería una respuesta a algo debía hacerles la pregunta telepáticamente. Si la respuesta era «no», me rodeaban con un ambiente gélido. Si la respuesta era «sí», la habitación tenía una atmósfera cálida.

Si, cuando salía, decía «Volveré pronto» o algo por el estilo, la habitación seguía siendo placentera. Pero si olvidaba saludarlos al volver, me rodeaban con un ambiente gélido. Pronto aprendí que les gustaba ser reconocidos. Al parecer yo era la única persona que se había tomado el trabajo de conocerlos. Era su única amiga.

Mi novio nunca se había topado con personas invisibles, de modo que tuvo que aprender a decirles «hola» y «adiós», igual que yo. Él tardó un poco en acostumbrarse a ellos. En cuanto entraba en una habitación, ellos lo rodeaban con un ambiente frío, siguiéndole, haciendo ruidos y, por lo general, ocupándose de que se sintiera de lo más incómodo.

Finalmente, decidió que tenía que resolver el problema. Subió al piso de arriba, sabiendo que le seguirían. Se sentó en una silla y, como si estuviera hablando con un hermano, dijo: «Mirad, yo os he aceptado. ¿Por qué no dejáis que yo también sea vuestro amigo? Al parecer, mi novia es vuestra única amiga. Me parece que podríais tener otro amigo. ¿Qué os parece?».

Ellos lo aceptaron, incluso hasta el punto de seguirlo una noche hasta su apartamento. Él me contó que, al llegar a su edificio, ellos lo rodearon de escalofríos. Nosotros creemos que estaban intentando decirle que no querían que se fuera.

Mi novio me contó que se dirigió hasta la puerta, la abrió y dijo: «Este no es vuestro lugar. Es mejor que regreséis a vuestra casa». Mientras se marchaban, sintió que uno de ellos le daba una palmadita en la espalda.

Después de casarnos, descubrimos otras peculiaridades suyas. Al parecer, es necesaria una gran cantidad de energía para que puedan materializarse. Descubrimos que pueden acceder a la de una tormenta eléctrica y utilizarla, especialmente si hay muchos relámpagos. También utilizan la energía generada por el comportamiento humano, como por ejemplo en las relaciones sexuales.

La primera vez que notamos esto fue durante una tormenta eléctrica. Estábamos haciendo el amor, cuando hubo un relámpago. Ahí, junto a nuestra cama, se encontraba un señor anciano y pequeño. Era calvo y sólo tenía una pequeña franja de pelo. Llevaba unas gafas sin montura que se sostenían en su nariz y vestía una camisa azul de una tela muy delgada y traje de faena.

Finalmente, hablé de estas entidades con una pastora espiritualista. Ella me sugirió que les hiciera saber a estos espíritus que estaban muertos. De modo que, la siguiente vez que percibí su presencia, les pregunté: «¿Vosotros sabéis que estáis muertos?».

Súbitamente, la habitación se volvió gélida y la atmósfera fue de un silencio conmocionado. Estaban pasmados. Me di cuenta de que había sido demasiado directa. Intenté suavizarlo hablándoles de mi propia experiencia de muerte, de la euforia y de cuántas cosas se estaban perdiendo al permanecer en la Tierra.

«No puede ser tan terrible», les dije. «Estáis muertos y ni siquiera lo sabéis». Les expliqué que no existe la muerte tal como la conocemos, sino una nueva dimensión mucho más espléndida que cualquier cosa que la Tierra pueda ofrecer. Parecieron comprender, pero yo no estaba preparada para su reacción ante la idea de dejarme, a mí, su única amiga.

Durante esa tarde, mi marido y yo decidimos echar una siesta. Subimos al piso de arriba, a la habitación del fondo. Louis se quedó profundamente dormido, pero yo tenía demasiadas cosas en la mente. Permanecí tumbada, pensando en todas las cosas extrañas que mis amigos invisibles parecían capaces de hacer.

Percibí su presencia, el escalofrío que me hacía saber que estaban cerca. Ellos parecían saber que yo había llegado a dominar la proyección astral, pues me pidieron que me uniera a ellos como espíritu. Como yo deseaba compensarlos por mi tosquedad anterior, accedí.

En cuanto dejé mi cuerpo, ello me dijeron que mirara mi almohada. Ahí, sobre nuestras almohadas, había dos cráneos grotescos. Me di cuenta de que era una broma, pues uno de ellos dijo: «Sin duda, no querrás volver a eso».

Sabía que ellos me valoraban como amiga, pero no tenía idea de hasta dónde eran capaces de llegar para hacer que yo permaneciera con ellos. Regresé corriendo a mi cuerpo. Pero ellos todavía no se habían dado por vencidos.

Esa noche me fui a dormir temprano y Louis se quedó mirando la tele. Cuando empecé a quedarme dormida, me di cuenta de que había una figura encapuchada inclinada sobre mí. En un instante, otra figura similar apareció al otro lado de mi cama. Creí que estaba teniendo una pesadilla, hasta que sentí que colocaban la sábana sobre mi pecho, sujetando mis brazos a los costados. Empezaron a apretar la sábana cada vez más. Luché por soltarme, pero sin resultado. Entonces lo supe... Estos espíritus planeaban llevarme con ellos. Después de lo que me pareció una eternidad, pude gritar: «¡No, no! ¡Esto no está bien!».

Mis gritos deben haberlos asustado, porque me soltaron. Entonces me di cuenta de lo difícil que les resultaba dejarme, dejar a su amiga, la única persona que había intentado comunicarse con ellos.

Les expliqué (mediante telepatía, como siempre) que sólo Dios puede decidir cuándo se ha acabado nuestro período en la Tierra. Evidentemente, a ellos les había llegado el momento, pero a mí no. Les aseguré que me reuniría con ellos cuando se hubiera acabado mi tiempo.

Después de su partida, la casa se convirtió en un sitio tranquilo y silencioso. Todo el mundo notó inmediatamente el cambio y nuestros amigos empezaron a visitarnos otra vez.

Una noche, mientras estábamos sentados mirando televisión, percibí que había un espíritu en la habitación. Sin pensar, exclamé: «¡Oh, por favor, no vuelvas!». Me arrepentí inmediatamente por haber soltado eso. Quise pedir disculpas, pero ya era demasiado tarde. El espíritu había desaparecido. Recé por ese ser perdido. Al estar atados a la Tierra, probablemente necesitan ser guiados y aconsejados hasta que se encuentran a salvo al otro lado. Si yo no hubiera sido tan egoísta, podría haber sido una influencia tranquilizadora.

Pienso en las personas en Inglaterra que alardean de sus fantasmas. Me pregunto si no se les debería decir a los espíritus que permanecen en la Tierra que están muertos. Al menos, entonces podrían tener la elección de marcharse o quedarse.

Resumiendo, diré que he tenido muchos encuentros con montones de espíritus de diferentes tipos y nunca he tenido una experiencia realmente mala con ellos. Son sólo personas, como tú y yo, que ya no tienen un cuerpo físico. A veces necesitan orientación, como tú y yo, especialmente si permanecen en la Tierra.

Si sientes que hay algún espíritu cerca de ti, visualiza una luz blanca y pura rodeándote y protegiéndote, y luego di: «Si eres una fuerza Divina, puedes quedarte. Si no, te ordeno que te vayas».

Puedes atraer a un espíritu, o varios espíritus, con una tabla de espiritismo, mediante la escritura automática o a través de un médium o mientras intentas realizar alguna empresa psíquica como un viaje astral, o quizá sin quererlo, como fue el caso de mi casa llena de fantasmas.

Es importante mantener tus pensamientos en un plano elevado para no atraer al tipo de espíritu equivocado. Los espíritus oscuros permanecen en los planos inferiores y no los atraerás si tus pensamientos son puros. Antes de ahondar en cualquiera de las ciencias psíquicas, envía tus pensamientos a los reinos superiores. Permanece en tu Presencia Divina, donde nada puede sucederte, excepto cosas buenas.

Técnica para la protección espiritual

Realiza este ejercicio cada mañana para ayudarte a prevenir accidentes durante el día, impedir que los pensamientos negativos llenen tu mente y repeler ataques psíquicos de cualquier origen. Puedes utilizar esta técnica, no sólo para protegerte a ti mismo, sino también para proteger tus posesiones, tu casa y a tus seres queridos.

1. Visualiza una luz clara, incolora... una luz pura... que desciende y entra por tu chakra de la corona.

2. Visualiza que esta resplandeciente luz blanca se extiende por todo tu cuerpo y lo rodea.

3. Repite afirmaciones mentales positivas, amorosas.

Técnica para contactar con los espíritus guías

1. En una habitación tranquila, relaja tu cuerpo físico y tu yo consciente, y deja que tu mente se desprenda de sus preocupaciones.

2. Enciende una vela blanca; este será tu punto focal. Si te ayuda a relajarte, pon alguna música de fondo relajante.

3. Mira fijamente la vela; observa cómo tu espíritu guía entre en el área donde te encuentras.

4. Mentalmente, pregúntale a tu guía lo que quieras saber o pídele la información que deseas.

5. Si quieres, puedes utilizar la escritura automática en esta ocasión, siempre y cuando esto no afecte al fluir de la comunicación con tu guía.

6. Cuando hayas terminado, dale las gracias a tu guía por estar en tu vida y dile adiós.

▪ ▪ ▪ ▪ ▪ ▪ ▪ ▪ ▪ ▪ ▪ ▪

CÁPITULO TRES

La mente subconsciente: tu obediente servidora

¿Puedes imaginar a un genio que lleva a cabo todas tus órdenes, que nunca duerme y que no cuestiona tus juicios? Tú tienes un genio así: tu mente subconsciente. Esta parte de tu mente es entre un noventa y un noventicinco por ciento más poderosa que tu mente consciente, de vigilia.

Tu mente subconsciente sólo piensa en imágenes; nunca en palabras o conceptos abstractos. Por ejemplo, si yo te pido que pienses en una casa, no pensarás en las letras c-a-s-a, sino que verás una imagen de una determinada casa, en forma de imagen mental. Así es como tu subconsciente ve cada pensamiento.

Nunca te vayas a dormir para olvidar una experiencia desagradable. Es en esos momentos, mientras estás adormilado, o dormido, cuando la mente subconsciente está más activa. Durante el sueño, tus ondas cerebrales cambian de frecuencias: del estado beta (consciente) a los estados alfa y theta (subconscientes). Tu subconsciente trabaja con la imagen que hay en tu mente. Dado que nunca cuestiona tu juicio, da por hecho que la imagen que hay en tu mente es lo que tú deseas conseguir.

Por ejemplo, supongamos que has tenido una discusión con tu pareja y te vas a dormir para olvidarlo. ¿Qué imagen hay en tu mente? La discusión, ¿no es verdad? El genio sólo puede trabajar a partir de imágenes, de modo que se encarga de que tú tengas más peleas. Dado que nunca duerme, materializará esa imagen.

Lo más importante que puedes aprender de este genio es lo siguiente: él no conoce la diferencia entre una experiencia real y una imaginaria. Si le das una imagen (piensas en ella) de un acontecimiento feliz, en lugar de la pelea que estás intentando olvidar, él creerá en esa imagen y la materializará.

Recuerda, estamos hablando de un genio poderoso: tu mente subconsciente. Ella gobierna tus sentidos: el olfato, el gusto, el oído, la vista y el tacto. Razona y cuestiona todos tus movimientos. En ocasiones puede causarte problemas. Ella tiene en cuenta todas las negativas que has recibido desde que naciste. ¿Sabías que en el momento en que empezaste a ir al colegio ya habías oído la palabra «no» sesenta mil veces? También habías oído frases negativas como «No puedes hacer eso», «Nunca llegarás a nada» y «¡Vas a pillar un resfriado de muerte!».

Llevas contigo esas imágenes negativas, de modo que, cuando tu mente subconsciente (tu genio) está intentando responder a tus órdenes, tu mente consciente está diciendo: «No puedes hacerlo. ¡No es razonable, ni lógico!».

Dado que tu subconsciente funciona mejor en la frecuencia de onda cerebral alfa/theta (cuando estás totalmente relajado), puedes entender lo importante que es ofrecerle una imagen placentera antes de dormir. Cuando estás adormecido, o dormido, tus sentidos están entumecidos. Durante ese lapso de tiempo, no ves, no oyes, no hueles, no sientes sabores ni sientes de un modo normal, porque la mente consciente está dormida.

Tu mente consciente está gobernada por la frecuencia de onda cerebral beta. Este es el estado de consciencia cotidiano. Tu mente consciente duerme, pero tu subconsciente *nunca* lo hace. De manera que es imperativo que le des a este genio algo positivo con lo que pueda trabajar.

Tu subconsciente está gobernado por la frecuencia de onda cerebral alfa/theta, el estado que se consigue cuando uno está completamente relajado o adormecido. Es entonces cuando mejor trabaja el genio, mientras la mente consciente está inactiva y le deja el camino libre.

Aunque cuando estás profundamente relajado o cuando te estás quedando dormido el estado alfa/theta es automático, puede ser inducido deliberadamente en cualquier momento. Utiliza la siguiente técnica: siéntate o túmbate en una postura cómoda en un lugar tranquilo. Siente cómo te vas relajando cada vez más cuando respirar. Al inhalar, deja que salgan todas las preocupaciones y problemas. Imagina lo que más te gustaría conseguir. Mira la imagen como si ya lo hubieras conseguido. Acepta esta imagen por completo, con sentimiento, mientras te relajas.

Mientras te deslizas hacia una tranquila relajación, tu genio ya está trabajando para materializar tu imagen y continuará haciéndolo mientras permanezcas en este estado de relajación Es posible que te preguntes cómo puedes saber si estás en un estado alfa. Si estás razonando o cuestionándote si esto puede suceder, es que has regresado a tu frecuencia de onda cerebral beta, la cual es controlada por la mente consciente razonadora, lógica.

Tu genio (tu subconsciente) no cuestiona, ni tampoco razona. No puede tomar una decisión por sí solo, pero recoge la información de tu mente consciente exactamente tal como ella se la ha dado. Confía en la imagen que tú le das, incluso si es imaginaria. Recuerda, *el subconsciente no conoce la diferencia entre una experiencia real y una experiencia imaginaria.* Lo repito porque tiene una importancia monumental.

Si resbalas, no te des por vencido. Regresa a la técnica. Vuelve a empezar. Las recompensas superan con creces los esfuerzos.

Tu imagen debería ser tan completa como te sea posible. La razón por la que algunas personas podrían fallar en esta técnica es porque, o no saben lo que quieren, o la imagen es demasiado vaga. Funcionará siempre *si* sigues las instrucciones al pie de la letra. La imagen debe incluir cada detalle. Es como intentar pedir algo de un catálogo. Debes saber el color, la talla y el estilo si quieres conseguir resultados.

Desgraciadamente, tu genio puede trabajar en tu contra si le das una imagen negativa. Él es impersonal: no le importa el tipo de imagen que le des. Su función consiste en materializarla, tanto si es buena como si es mala. Si ve riquezas, te dará riquezas, y si ve pobreza eso será lo que obtendrás. Las imágenes con las que alimentas a tu mente subconsciente están creando tu mundo. Las creencias son pensamientos, los pensamientos son imágenes, las palabras y los pensamientos son cosas: se materializan.

Nuestros mayores fracasos, así como nuestros mayores triunfos empezaron siendo meras imágenes en nuestras mentes. Nada puede suceder a menos que alguien piense en ello. Es un poco como una incubación. Muchas cosas que han entrado en nuestras vidas provienen de semillas que fueron sembradas en nuestra niñez.

Cuando yo era una jovencita, vivía junto al río Ohio. Veía barcos a vapor de luminoso esplendor que pasaban cada noche por el río. Las personas que iban a bordo parecían tan espléndidas mientras bailaban y cenaban... que yo pensaba, «Algún día, bailaré durante toda la noche a bordo de un barco así de elegante». Las semillas fueron plantadas. Como adulta he disfrutado de muchos cruceros lujosos... las semillas dieron frutos.

La ley universal de la consecuencia dice que uno tiene libre albedrío para pensar, decir o hacer cualquier cosa que quiera hacer en cualquier momento. No obstante, uno es personalmente responsable del resultado de dichas elecciones, y debe manejar las consecuencias. En otras palabras: «Uno cosecha lo que siembra». Esta ley funciona sin falla. Puedes elegir si quieres que funcione a tu favor o en tu contra. La ignorancia de esta ley no niega las consecuencias.

Podrías decir: «Eso no es justo. ¡Yo no sabía esto cuando formé mi pensamiento!». Tu subconsciente podría responder: «Yo no soy responsable. Yo hice mi trabajo. ¡Materialicé la imagen que tú me diste!».

¡Fíngelo hasta que lo consigas! Actúa como si aquello que deseas ya existiera antes de tenerlo. ¡Este genio no conoce la diferencia entre una imagen real y una imaginaria! Esta afirmación es la clave, ¡siempre funciona! *Tu subconsciente no conoce la diferencia entre una imagen real y una imaginaria.*

Cuando Napoleón decidió convertirse en el emperador de Francia, todo el mundo se rió: «¿Dónde se ha visto un emperador de un metro cincuenta de altura?». Pero Napoleón era consciente del poder de su genio subconsciente, y sabía que podía hacer que ese genio pensara que ya era emperador y que materializaría la imagen. Contrató a una actor para que le enseñara a vestir, caminar, hablar y sentarse como un emperador. Se preguntó, «¿De qué hablaría un emperador?», «¿Qué tipo de imágenes hay en su mente?», e incluso «¿Cómo montaría a caballo?».

Se veía como un emperador en cada minuto del día y soñaba con ello por las noches. Su subconsciente, como un obediente servidor, materializó la imagen. Cuando la imagen estuvo completa en la mente de Napoleón, ¡él ya era el emperador de Francia!

La suerte del principiante es un ejemplo perfecto. Alguien está enseñándote un juego. Te dice cuáles son los objetivos, lo que se supone que debes hacer. Tienes la imagen completa de cómo se gana el juego. Pero, ¿cómo es posible que le ganes a alguien que lo ha jugado durante años?

Sólo tenías una imagen: la de ganar. ¿Recuerdas lo que te ocurrió después de jugar con personas que habían perdido? Viste la imagen de cómo se pierde y tu suerte de principiante cambió, porque tu imagen había cambiado. Observa al muchacho que juega al béisbol y ha fallado varias veces. Pisa el plato y, ¿qué ve? Sus fallos; y vuelve a fallar.

Nuestra mente es como un proyector de cine. Sólo puede proyectar la imagen que has cargado en él. Si quieres una imagen distinta, debes cambiar la película. Earl Nightingale dice: «No puedes sembrar maíz y cosechar trigo, del mismo modo que no puedes sentarte delante de la estufa y esperar calor si antes no las has cargado de combustible».

¿Alguna vez participaste en tu niñez en un juego cruel en el que le tenías que decir a una persona normal el mal aspecto que tenía? Con persistencia, incluso un niño sano puede enfermar. Empieza a ver la imagen que el grupo proyecta.

El libro de James Allen, *Como un hombre piensa*, es un excelente tratado sobre cómo cambiar tu vida mediante tu modo de pensar. El libro de Nightingale, *Strangest Secret* nos dice que somos lo que pensamos. Y la Biblia dice: «Ten cuidado con lo que pones en tu corazón, pues sin duda lo tendrás».

Escuchar grabaciones subliminales es una de las mejores maneras de conectar con la mente subconsciente. El mensaje está insertado en el sonido de las olas del mar o en la música. Con la tecnología del siglo veintiuno, ¡puedes cambiar tu forma de pensar!

Tu mente consciente oye solamente la música o las olas, pero la mente subconsciente oye el mensaje que está emanando a un volumen demasiado bajo para la percepción consciente. Tanto la mente consciente como la mente subconsciente están siendo programadas sin un esfuerzo evidente. Mientras pasas un día normal oyendo las relajantes olas o la música, tu genio forma imágenes a partir de mensajes como «Soy un éxito. Me respeto. Me merezco lo mejor».

Es increíble, todas las cosas que la mente subconsciente puede hacer sin nuestra percepción consciente. Como una computadora, durante todo el día, gobierna todos los sistemas del cuerpo. Recibe cien millones de impulsos y señales por segundo de nuestro cuerpo y nuestros sentidos y, sin embargo, nosotros utilizamos menos de un diez por ciento de nuestro cerebro. Las cintas subliminales nos ayudan a eliminar la programación negativa de nuestras vidas, las cuales hemos estado albergando en nuestro cerebro durante toda la vida.

Ahora se cree que aprendemos cosas cuando todavía estamos en el vientre materno. Como esponjas, absorbemos información, y gran parte de ella es negativa. Actualmente se enseña a las madres embarazadas a ser conscientes de su humor, sus actitudes, e incluso sus pensamientos. ¡Que imponente responsabilidad le aguarda a la mujer que espera convertirse en madre! Pero imagina el enorme beneficio para la humanidad que representa el hecho de que las madres y los médicos sintonicen cada vez más con una programación prenatal positiva. Imagina la hermosa consciencia mental colectiva que brotará de estos niños que han sido influidos por unas madres amorosas, positivas y felices mientras se encontraban en el útero.

En una ocasión, dos señoras se me acercaron en un parque. Se sentaron junto a mí en el banco e iniciamos una conversación. Una de ellas parecía sufrir un gran dolor. Les pregunté si habían probado la visualización. Dijeron que lo habían hecho.

—¿Saben? En realidad la visualización es fe —les dije.

—No, no lo sabía —dijo una de las mujeres, sorprendida—. ¿Cómo que es fe?

—La fe es creer con tanta intensidad que puedes ver, realmente, la imagen realizada. Si lo que usted desea es una sanación, debe verse, con el ojo de su mente, libre de la afección o hacer que otra persona lo vea por usted. Alguien debe verla libre de la enfermedad, sin ningún atisbo de duda. Esto es sanación mediante la visualización.

Un concepto moderno de esto sería visualizar una computadora con un rayo que pudiera examinar el cuerpo y descubrir las áreas que necesitan ser sanadas. Entonces, con la mente, uno enviaría un rayo láser por el cuerpo para borrar esas áreas enfermas. Luego presionaría un botón de «eliminar» para limpiar el sistema.

Dado que la naturaleza detesta el vacío, uno debe sustituir cualquier cosa que haya sido retirada, de modo que uno reemplazaría la enfermedad con una luz blanca. Enviaría la luz blanca hacia el interior del cuerpo, llenándolo de la cabeza a los pies para impedir que la enfermedad regresara.

La visualización es más eficaz cuando la mente consciente de vigilia está descansando o inactiva. Los ejercicios de meditación y relajación te llevarán a las frecuencias de onda cerebral alfa/theta, que son perfectas para esta poderosa visualización.

Otra manera de inducir una frecuencia cerebral alfa/theta y desatar el poder de tu genio personal es a través de las excitantes imágenes de la ciberóptica. A primera vista, estas imágenes parecen laberintos de líneas y color sin un orden aparente o una imagen claramente definida. Con un examen más profundo, aparecen imágenes tridimensionales ante el observador. Repentinamente, ahí donde antes había un confuso diseño de líneas, aparece una imagen clara y precisa... como salida de la nada.

La primera vez que experimenté la ciberóptica fue realmente increíble. Yo había adquirido conocimientos sobre las frecuencias de onda cerebrales y el funcionamiento de las neuronas durante mis estudios de psicología y metafísica, de modo que sabía lo que estaba sucediendo mientras contemplaba este desconocido póster con apariencia laberíntica.

Me encontraba en una librería metafísica, cuando me llamó la atención un grupo de personas muy entusiasmadas al fondo de la tienda. Me sorprendió descubrir que la atención de todas ellas estaba concentrada en un gran póster que había en la pared.

—¡Esto es fabuloso! –dije–. Este póster te hace entrar rápidamente en la frecuencia cerebral theta. Normalmente se necesita mucho tiempo y meditación para conseguirlo.

—¿Cómo lo sabe? –preguntó una voz que venía de detrás.

—Soy doctora en metafísica. Se puede ver el efecto que esto tiene en las personas. No hay más que verlas.

El hombre observó cómo todos los clientes se turnaban para mirar el póster. No era difícil percibir que, cuando la persona se quedaba quieta y miraba fijamente el diseño de puntos, su respiración cambiaba y sus ojos empezaban a brillar como si se encontrara en un estado profundo y relajado. El estado perfecto para la visualización.

—¡Quiero un póster de esos! –dije–. ¡No me importa cuál sea su precio!

Don Tolman es quien desarrolló los pósters ciberópticos y me ha permitido utilizar este maravilloso fenómeno. Llamamos visión *del tercer ojo* a la magia del mundo ciberóptico porque induce y fortalece diferentes niveles de consciencia.

Cuando estudias estos pósters ciberópticos, a veces llamados *thetagráficos*, estás fortaleciendo e incrementando el tamaño de las neuronas de tu cerebro. Estos pósters son, en realidad, instrumentos de intensificación neuroóptica. Pueden facilitar el cambio en tu frecuencia de onda cerebral y estimular las endorfinas, proporcionándote una verdadera sensación de bienestar.

Actualmente, los investigadores creen que los cambios en las frecuencias de onda cerebral también pueden ayudar a curar la depresión y otros trastornos emocionales. Las personas que, por lo general, parecen felices y tienen la capacidad de ver siempre el lado positivo de las cosas podrían tener patrones de onda cerebral distintos a los de las personas pesimistas y depresivas. Al acceder a tus niveles alfa/theta, puedes estar modificando tu visión cotidiana, de una visión de estrés y miedo a una de serena confianza en ti mismo o en ti misma. Es cierto que, generalmente, las personas que meditan a diario parecer ser más felices y tienen menos estrés en sus vidas. Yo he visto resultados muy positivos utilizando la ciberóptica, incluso en los casos más extremos.

Una mujer de cuarenta años que tenía la mente de una niña estaba continuamente asustada y triste. Tenía unos horribles episodios de temblores y depresión, y padecía una severa ansiedad. Dada su limitada capacidad para hablar, las aproximaciones más directas no estaban funcionando.

Coloqué un póster del *tercer ojo* en su regazo y le pedí que me dijera lo que veía.

«¡Oh, es mágico! Hay estrellas, montañas, corazones y remolinos.»

Realizó movimientos circulares con sus dedos y señaló cada imagen mágica que veía en el póster. Se empezó a relajar y a estar cada vez más serena. Los temblores cesaron. Entonces, levantó la mirada hacia mí, ¡y bostezó! «Me siento tan bien», dijo. «Creo que me echaré una siesta.» Había entrado directamente en una frecuencia alfa/theta.

Desde entonces, he compartido esta magia con muchas personas. Estos pósters pueden ser utilizados para inducir un estado «hipnogógico». Una vez ahí, puedes visualizar tus objetivos como si ya los hubieras alcanzado. Prueba la imagen ciberóptica de la página 52.

He aquí la técnica para usar estos pósters. Las gafas bifocales o trifocales retrasarán tu proceso, de modo que yo sugiero que te compres un par de gafas de aumento baratas, sólo para ver el póster.

La técnica: Sostén el póster prácticamente contra tu nariz. Mira fijamente un punto oscuro y deja que tu mirada se desenfoque. Sigue mirando durante algunos segundos. Aleja el póster de tu cara muy lentamente hasta una posición de visión cómoda. Cuando aparezca la imagen mágica, sigue mirando el póster sin perderla durante entre cinco y diez minutos.

Durante este tiempo, la imagen mágica parecerá estar en medio del aire o se alejará. Si la imagen avanza hacia delante es porque la estás viendo convergentemente (en alfa 3D), pero si se aleja quiere decir que estás en una visión divergente a través de la frecuencia de onda cerebral theta. Cualquiera de los dos modos es bueno, pero tienes que seguir trabajando hasta que puedas verlo de forma divergente, porque este método te lleva directamente a «Thetalandia». Esto es lo mejor para la visualización.

Tanto si alcanzas el estado de consciencia alfa/theta a través de la relajación, la meditación o concentrándote en una imagen ciberóptica, el objetivo es alterar tu estado de consciencia hasta un punto en el que la visualización pueda ser intensificada. La visualización es la clave para liberar a tu poderoso genio.

Técnica para inducir un estado de consciencia alfa para alcanzar tus objetivos

El mejor momento para realizar este ejercicio es justo antes de ir a dormir y nada más despertar.

1. Siéntate o túmbate en una posición cómoda en una atmósfera tranquila.

2. Concéntrate en tu respiración. Relájate más y más con cada respiración.

3. Al exhalar, deja que salgan todas tus preocupaciones y tus problemas.

4. Crea una imagen completa en tu mente de la situación que deseas provocar. Debes ver solamente esa imagen, como si ya fuera tuya.

5. Acéptalo y da las gracias.

Técnica para la visión ciberóptica o del tercer ojo:

1. Sostén el póster contra tu nariz.

2. Mira fijamente hacia un punto oscuro y deja que tu mirada se desenfoque.

3. Aleja el póster de ti hasta que alcances una posición cómoda para su visión.

4. Continúa mirando fijamente el póster hasta que aparezca la imagen.

5. Sigue mirando fijamente el póster sin perder la imagen hasta que puedas verla de forma divergente (alejándose de ti), así como convergente (acercándose a ti, como en medio del aire).

6. Una vez te encuentres en «Thetalandia», visualiza lo que quieres como si ya lo hubieras obtenido.

CÁPITULO CUATRO

La proyección astral

El término «proyección astral» significa la capacidad de enviar fuera del cuerpo físico al espíritu, llamado cuerpo astral o etérico. Esto también se conoce como experiencia *fuera del cuerpo* o *abandonar el cuerpo*. El cuerpo astral o etérico es el duplicado exacto del cuerpo físico. Lleva con él nuestra consciencia y nuestros pensamientos. Cuando uno tiene una experiencia fuera del cuerpo, el cuerpo físico está pasivo, como si durmiera, mientras que el cuerpo astral es consciente de lo que está ocurriendo, pero desde un punto de vista completamente distinto al del cuerpo físico.

El verdadero yo es espíritu. El cuerpo es la casa que aloja al espíritu. El espíritu o cuerpo astral pesa entre una onza y una onza y media. Esto fue determinado mediante pruebas científicas que midieron el peso del cuerpo físico vivo y en el momento exacto de la muerte. El cuerpo astral está conectado al cuerpo físico mediante una cuerda de plata que es el vínculo umbilical entre los dos cuerpos. Cientos de personas que han experimentado el viaje astral hablan de esta cuerda de plata que nunca disminuye en diámetro, no importa cuán lejos viaje uno.

Con el paso de los años, los estudios científicos han demostrado que la proyección astral es un fenómeno humano extendido que ocurre de una forma natural. Sucede espontáneamente con más frecuencia de lo que uno cree. El cuerpo astral abandona el cuerpo físico con frecuencia durante el sueño. Esto es lo que sucede cuando despiertas sintiendo como si cayeras: has estado en el astral mientras dormías. Muchos científicos creen que abandonamos el cuerpo cuando dormimos; esto le da tiempo para descansar. El cuerpo astral puede dejar el cuerpo físico cuando uno está inconsciente o anestesiado. Muchas personas experimentan la proyección astral por primera vez durante una operación o un trauma tan intenso que su cuerpo astral sale del físico. En estos casos, la proyección astral tiene lugar sin un esfuerzo consciente.

En *Recuerdos, sueños, pensamientos*, Carl Jung escribe: «Nunca me hubiera imaginado que una experiencia así fuera posible. No fue producto de la imaginación. Las visiones y experiencias fueron absolutamente reales; no había nada subjetivo en ellas, todas tenían una cualidad de absoluta objetividad».

No tienes que ser particularmente psíquico para aprender a inducir una proyección astral a voluntad; algunas de nuestras mejores universidades ofrecen clases y entrenamiento en proyección astral. Es sabio aprender la técnica adecuada para poder controlar la experiencia; luego puedes beneficiarte de los poderes especiales del cuerpo astral.

Hay una conexión científicamente demostrada entre las ondas cerebrales theta y las experiencias fuera del cuerpo. Las ondas theta llegan entre el nivel alfa (8 a 12 ciclos) que tiene lugar durante la relajación y delta (4 a 7 ciclos) que ocurre durante el sueño profundo. Las ondas theta suelen manifestarse cuando la persona está en un profundo estado alterado de consciencia como, por ejemplo, el que se alcanza durante la meditación o al crear unas imágenes mentales intensas. Puedes aprender a generar ondas theta a través del *biofeedback* o mirando un póster ciberóptico o utilizando grabaciones especiales sincronizadoras de ondas cerebrales.

La proyección astral me demuestra que la mente es una

entidad en sí misma, algo distinto al cerebro y al cuerpo. Una vez que te encuentres fuera del cuerpo, te darás cuenta de que el cuerpo no es tu verdadero yo. Eres espíritu, a imagen y semejanza de Dios. Cuando hayas dominado la proyección astral, nunca más volverás a temer la muerte. El cuerpo, en realidad, es una prisión. La gente que ha tenido experiencias fuera del cuerpo deja de ser materialista: ha tenido una demostración literal de la inmortalidad.

Yo misma he tenido una experiencia de muerte, ¡y fue la experiencia más eufórica de mi vida! ¡No hay palabras capaces de expresar la sensación de libertad y éxtasis! También he experimentado la proyección astral, que es algo muy parecido, aunque morir es más eufórico.

Una señora sanó de la imagen pobre que tenía de sí misma a través de la proyección astral. Cuando se volvió para contemplar su cuerpo, le gustó lo que vio. Nunca antes se había considerado atractiva.

Un hombre que conozco está tan acostumbrado a entrar y salir de su cuerpo que en ocasiones no sabe qué cuerpo está ocupando, hasta que intenta agarrar la cafetera. En esos momentos, murmura, «¡Tendré que regresar a mi dormitorio a buscar ese condenado equipo!».

Un hombre afirma que se reúne con amigos y asociados en el plano astral. Ellos son capaces de proyectarse a voluntad. La distancia no es ningún problema. Viven a kilómetros de distancia y se encuentran regularmente de esta manera. Él dice: «Sin duda, es mucho mejor que conducir». Sugiere que, si tienes un sueño especialmente vívido en el que está implicada otra persona, llames a esa persona y compruebes si ella ha tenido el mismo sueño. Es posible que descubras que os estáis encontrando en el plano astral.

Una señora practicaba enviar sus pensamientos a otra parte de la casa. Después de un poco de práctica, empezó a encontrarse en la habitación en la que estaba pensando. Cuando regresaba a su dormitorio, descubría que su cuerpo todavía estaba en la cama.

El primer paso es saber que puedes hacerlo. La técnica no es complicada, pero requerirá un poco de práctica. Cualquier pensamiento de miedo, o dudar de tu capacidad, será perjudicial. Trata de adquirir la actitud de «Si otros pueden hacerlo, yo también puedo». Uno nunca debería utilizar la proyección astral con un propósito negativo, como espiar a otra persona. La negatividad puede lanzarte fuera del plano astral haciéndote regresar a tu cuerpo y esto puede ser una conmoción bastante desagradable.

La técnica: Planea cuidadosamente tu ensayo de viaje astral. Tu conducta debe ser serena, pero con un espíritu de expectación, como cuando uno planea cualquier viaje. La noche es el mejor momento. Ve tranquilamente a tu dormitorio. Ponte ropa cómoda y suelta. La habitación debe estar a una temperatura agradable. Baja las persianas para tener la menor luz posible. Siéntate o túmbate en una posición cómoda y relájate tanto como puedas.

Respira profundamente unas cuantas veces, relajándote más y más con cada respiración. Mantén los ojos cerrados y visualiza una llama. Mira fijamente a la llama todo el rato. Acércala a ti. Conviértete en uno con la llama.

Nota que te estás volviendo cada vez más pesado por todas partes. Este es el estado hipnogógico, ese estado similar al trace por el que pasas mientras te vas quedando dormido o cuando te vas despertando. Tu cabeza está pesada sobre la almohada. Tus ojos te pesan. Quieres dormirte, pero no debes permitirte dormir todavía. ¡Este estado de adormecimiento es muy importante!

Sientes una intensa pesadez por todo el cuerpo. Tu cabeza cede. Tu respiración se hace cada vez más profunda. Te invade una vaga somnolencia. Todo está muy, muy lejos. Toda tensión ha desaparecido. Tu mente se ha cerrado a todo, excepto el viaje astral.

Di estas palabras tres veces: «Estoy viajando en el astral, pero sigo estando consciente de todo lo que veo y hago. Lo recordaré todo cuando vuelva a mi cuerpo físico».

Yace cómodamente relajado. Desea que tu cuerpo astral abandone tu cuerpo físico. Siente que estás forzando otro cuerpo fuera de ti mismo.

Siente cómo se retira del cuerpo carnal. Siéntelo como un corcho que se eleva en el agua para salir a la superficie. Eres consciente de una sensación de hormigueo.

Llega un momento en el cual el hormigueo cesa casi por completo y te invade un repentino frescor, como si algo te hubiera abandonado. Este es un momento crucial. No te muevas. Esto sólo es señal de que estás teniendo éxito.

Repentinamente, ¡sientes una ligera descarga eléctrica! La pauta de tu respiración cambia. Te encuentras mirando hacia abajo, contemplando tu cuerpo físico, preguntándote qué hacer a continuación.

Déjate flotar como una burbuja de jabón en las corrientes de aire. Mantén los ojos cerrados y permítete elevarte. Siente cómo flotas hacia arriba como una bola de pelusa en una brisa de verano. Eres liviano como una pluma.

Mira tu cuerpo, yaciendo inmóvil mientras tú flotas como Peter Pan. Ahora sabes que éste eres tú en realidad. Te has llevado contigo tus sentidos. Nota que tu cuerpo carnal no se mueve. No te ve, pero tú ves con los ojos cerrados. Nota los vívidos colores. Puedes hundir tu mano en la pared sin tener ninguna sensación. ¡Con qué facilidad te mueves! Viajas a la velocidad del pensamiento. Mantén tus pensamientos dentro de la habitación, por ahora.

Nota la cuerda de plata que conecta los dos cuerpos. Mientras te alejas, la cuerda de plata se estira sin que su diámetro disminuya.

Ahora, deja que tu cuerpo astral flote hacia el suelo. Vuelve a mirar tu cuerpo físico. Recordarás todo lo que ha sucedido. Ahora es el momento de regresar a tu cuerpo. Hazlo y duerme plácidamente. Una vez que hayas dominado esta técnica, puedes viajar astralmente cada vez que quieras hacerlo.

Lo mejor es permanecer dentro de tu propio dormitorio durante los primeros vuelos. Recuerda, estás viajando sobre ondas de pensamiento, así que ten cuidado con lo que pienses cuando estés en el astral.

A modo de ejemplo de por qué esto es importante, podrías pensar en un océano y repentinamente encontrarte ahí, flotando justo por encima del agua. Si te asustaras, tus pensamientos te enviarían súbitamente de regreso a tu cuerpo, ¡con una conmoción! Cualquier pensamiento negativo como el miedo tendrá como resultado que serás lanzado de vuelta, inmediatamente, a tu cuerpo. De modo que, hasta que llegues a sentirte cómodo viajando astralmente, planea de antemano en qué vas a pensar. Conocí a un hombre que olvidó vigilar sus pensamientos y sintió que era lanzado repentinamente hacia el sol. El pánico, por supuesto, hizo que cayera a plomo en su cuerpo.

Esta técnica puede parecer prolongada, pero la persistencia requerida vale la pena. Vuelve a leer las instrucciones varias veces antes de ensayarla. Imagina que estás realizando realmente la práctica y así serás capaz de repasar el ejercicio sin mirar las notas.

Podrías practicar enviar tus pensamientos a otra parte de la casa, como hacía la señora de la que hablé anteriormente. Existen muchas técnicas. Ésta es la que yo he encontrado más eficaz.

Viajamos a muchos lugares con nuestro cuerpo mental y no nos parece gran cosa. El viaje astral es lo mismo. Prueba esta práctica: deja que tu mente viaje hasta una escena en la playa; unas vacaciones, quizás. De repente estás ahí, contemplando el agua, a los surfistas, a los bañistas, a la gente que camina de la mano por la arena. Nota que, durante esta escena, ya no estás en el salón de tu casa, porque sólo puedes pensar una cosa o experimentar una cosa a la vez. Estuviste en la playa. ¡Hiciste un viaje con tu cuerpo mental! A eso se le llama «pensamiento».

La diferencia, cuando viajas en el cuerpo astral, es que te llevas contigo tus sentidos y tu consciencia. Tu cuerpo físico permanece en casa, inmóvil, porque ahora tu cuerpo astral posee tus sentidos. La proyección astral es tan fácil como la proyección mental. Nosotros levantamos barreras porque es algo que nos resulta poco familiar.

Con un poco de práctica, te sucede furtivamente. Podría ocurrirte algo así: Piensas en un lugar y planeas estar ahí deliberadamente en tu cuerpo mental (es decir, piensas en ese lugar; posiblemente la playa). Súbitamente, ¡notas que algo es diferente! Sientes la arena bajo tus pies. Realmente ves gente y lugares. Sientes el viento en tu rostro y hueles el aire salado. Sientes el agua salada en tu lengua. ¡Tus sentidos están vivos!

Cuando simplemente estás pensando en un lugar, no te llevas contigo tus sentidos. Sólo tu cuerpo astral tiene esta capacidad. ¡Estás viajando astralmente! ¿Ves qué fácil es?

El fenómeno de la «bi-ubicación» es similar a la proyección astral, excepto que el cuerpo puede aparecer en dos sitios distintos.

El cuerpo etérico (astral) es una réplica exacta del cuerpo físico, pero tiene una cualidad vibracional más fina. Contiene todo el equipo sensorial, así como la consciencia, y esta es la razón por la cual la proyección del cuerpo etérico puede ser vista y oída; puede ser reconocida e identificada por otras personas. Muchos casos de bi-ubicación han sido documentados. En su libro *Wisdom of the Mystic Masters*, Joseph Weed cuenta el caso de Monseñor Alphonsus, el abad de Arienzo, en Italia.

Mientras dormía en el monasterio, el monseñor se encontraba también en Roma, dirigiendo servicios de rezos para el Papa agonizante. Esto fue autentificado por el Observatorio Dominico y las Órdenes Agustinas, junto con las personas que estaban presentes.

Otro caso notable es el de las múltiples apariciones del gran místico y santo tibetano, Milarepa. Cerca de la hora de su muerte, fue visto en su cuerpo físico en Asia, Tíbet, Afganistán, India, Ceilán y en los estados malayos. Sus seguidores, en cada uno de estos lugares, llegaron a tocarle.

Yo he experimentado este fenómeno en varias ocasiones. Mi hija, que vive en otro estado, me dice que a menudo estoy con ella en su casa, cuando en realidad estoy en mi propia casa en Florida.

–¿Con cuánta nitidez me ves? ¿Hablo contigo? ¿Suele ser de noche? –le pregunté, pues yo no soy consciente de esto.

–En la mayoría de los casos estás en mi cocina, mirándome mientras preparo la cena. Nunca dices nada. Pareces estar, simplemente, observando lo que hago –me respondió.

–¿No te asusta mi repentina aparición? ¿Es como ver un fantasma? –inquirí.

–No, no tienes el aspecto de un fantasma. Te veo como eres tú siempre; no hay ninguna diferencia. Me encanta que estés conmigo, incluso aunque no me des conversación –me aseguró ella.

Otra experiencia de bi-ubicación tuvo que ver con mi iglesia. Yo suelo asistir a clases de yoga ahí los jueves por la tarde. Le dije a Marta, nuestra instructora de yoga: «Faltaré a clase durante, por lo menos, seis semanas. Voy a tomar lecciones de parapsicología en la universidad».

Después de unas cuantas semanas de no asistir a mis clases de yoga, Marta entró en la biblioteca en la que yo me encontraba eligiendo un libro de texto para mis clases.

–¿Sabes que sigues viniendo a las clases de yoga todos los jueves por la tarde?

–No, Marta. Estoy asistiendo a clases de parapsicología en la universidad los jueves por la tarde.

–Ya lo sé. La primera vez que te vi en clase de yoga, llamé inmediatamente a la universidad. Me aseguraron que también te encontrabas en tu clase de parapsicología.

–¿Cuán claramente me ves? ¿Hay algo distinto en mí?

–No. Tienes el mismo aspecto que ahora mismo. Hay cinco estudiantes que pueden verte en la clase –me dijo.

El siguiente es un ejemplo de proyección astral, pero podría llamarse bi-ubicación.

Un hombre de origen indio se detuvo ante mi puerta y me preguntó si yo alquilaba habitaciones. Mi casa es grande y tiene dos pisos. Mi hermano vivía conmigo, pero yo no había pensado en alquilar habitaciones. Algo me impulsó a hacer pasar a ese hombre. Él me siguió hasta la cocina. Le preparé una taza de café, que él nunca tocó, y tampoco mencionó el alquiler de habitaciones.

En lugar de eso, empezó a contarme toda mi vida, desde el día en que nací hasta el presente; cosas que nadie sabía, excepto Dios y yo. Me quedé ahí sentada, ¡pasmada!

Finalmente, después de salir de la conmoción inicial, le pregunté:

–¿Cómo es posible que sepa todo eso? Nunca lo había visto antes.

–Siempre te he querido. He estado contigo desde el principio de los tiempos –respondió calmadamente, después de lo cual caminó directamente hasta la sala de estar y se sentó en el sofá junto a mi hermano.

Yo estaba aturdida, desconcertada, preguntándome cómo podía este hombre, al que no había visto jamás, conocer la historia de mi vida. ¿Qué había querido decir con eso de «He estado contigo desde el principio de los tiempos»? Con absoluto asombro, empecé a preguntarme si el propio Dios, Él mismo, me estaba hablando. Pero, ¿cómo?

Finalmente, ya no puede aguantar el suspense. Entré en la sala de estar.

–¿Cómo puede tener tanto conocimiento sobre mi vida? ¿Cómo puede conocer los detalles personales sobre cosas que no le he contado a nadie? ¿Por qué conoce la corporación que formé? ¡Usted acaba de revelar un conocimiento de todo lo que ha ocurrido en mi vida! Nadie conoce la mayoría de estas cosas, ¡excepto Dios y yo!

–No sé de qué me está hablando. Yo no he estado ahí –protestó.

–Mi hermano ha estado aquí todo el tiempo. Él puede acreditar el hecho de que usted ha estado en mi cocina durante prácticamente una hora, ¡hablando sin parar! ¡No puede negarlo!

Se detuvo un momento y pensó. Entonces me preguntó:

–¿Está usted familiarizada con la proyección astral?

–Sí, estamos estudiándola en la universidad, en clase de parapsicología. A veces se la denomina proyección etérica. Ese fenómeno tiene lugar cuando el espíritu abandona el cuerpo y va a otros lugares –respondí.

–En la India aceptamos la proyección astral como un suceso natural. Entramos y salimos de nuestros cuerpos cuando niños y continuamos haciéndolo durante toda nuestra vida. De modo que, verá usted, mi cuerpo estuvo en su cocina, pero yo no. No tengo ni idea de quién habló con usted mientras yo estuve ausente.

–¿Le ha sucedido esto antes, que una entidad hable a través de usted? –pregunté.

–Probablemente en muchas ocasiones, pero sólo una vez que yo sepa. Cuando me encontraba estudiando en el Tíbet, una entidad habló a través de mí y le dijo al Lama unas verdades tan grandes, que incluso en la actualidad no puede revelarlas todas, pero yo no tengo idea de lo que se dijo.

Marta no podía saber nada de este último incidente pero, en nuestro siguiente encuentro, exclamó: «Sigues asistiendo a las clases de yoga pero, ¿quién es ese hindú que te acompaña?

Experimenté mi siguiente bi-ubicación mientras mi marido y yo estábamos de vacaciones en Méjico. Él despertó y me vio sentada en el borde de la cama, cepillándome el pelo. Lo que le sorprendió fue que también estaba completamente dormida en mi cama.

«Miré a una y otra figura y no puede distinguir cuál eras tú en realidad», me explicó.

Con frecuencia me he preguntado si, en los casos de abducciones por parte de OVNIS, podría ser que sea el cuerpo etérico el que es raptado, en lugar del denso cuerpo físico. Dado que lleva consigo todo el equipo sensorial y la consciencia, la persona raptada podría sentir las mismas sensaciones que si estuviera en el cuerpo físico. Muchas de las personas que han sufrido abducciones dicen haber sido extraídas a través de paredes sólidas, ventanas de vidrio y techos de automóviles.

¿Ha tenido alguien la oportunidad de comprobar dónde estaba el cuerpo físico en el momento de la abducción? Normalmente, las personas que fueron secuestradas dicen que las hicieron dormir profundamente o que entraron en un estado similar al trance. ¿Tú qué crees?

La proyección astral es una técnica útil para aprender porque puede permitirte vivir la vida de una forma más plena y eficaz al obtener una mayor consciencia con los viajes astrales. Quizá necesites repetir este procedimiento varias veces antes de conseguir realizarlo. Algunas personas lo logran al primer intento. Como sucede con todas las demás técnicas metafísicas, una expectativa psicológica positiva es el factor clave para producir buenos resultados. La siguiente técnica centrará tu atención, arraigará en tu subconsciente el deseo de proyectar astralmente y te servirá como una dinámica forma de autosugestión.

Técnica para la proyección astral

1. Siéntate o túmbate en una posición cómoda.

2. Respira profundamente unas cuantas veces, relajándote más y más con cada respiración.

3. Visualiza la llama de una vela.

4. Mira fijamente la llama.

5. Conviértete en uno con la llama.

6. Siente mucho sueño... siente una profunda pesadez en todo el cuerpo.

7. No te duermas, simplemente deja que tu respiración se haga más profunda.

8. No permitas que nada entre en tu mente, excepto el viaje astral.

9. Di estas palabras tres veces: «Estoy viajando en el astral, pero soy consciente de todo lo que veo y hago. Lo recordaré todo cuando esté de vuelta en mi cuerpo físico».

10. Desea que tu cuerpo astral deje su equivalente físico.

11. Siente cómo sale el cuerpo astral, como un corcho que se eleva hasta la superficie del agua.

12. Siente la sensación de hormigueo.

13. El hormigueo cesa y un frescor te invade.

14. Ahora sientes una descarga eléctrica mientras tu cuerpo astral se eleva de tu cuerpo físico.

15. Mantén los ojos cerrados, aunque puedes ver tu cuerpo físico ahí donde lo dejaste.

16. Mantén tus pensamientos dentro de la habitación durante los primeros viajes.

17. Mira tu cuerpo por última vez. Mira a tu alrededor en la habitación y luego regresa a tu cuerpo físico.

Capítulo cinco

El máximo suministrador de energía

¿Alguna vez has deseado tener una mayor fuente de poder a la que pudieras invocar cuando necesitaras más energía de la que eres capaz de reunir? Tienes esa fuente a tu disposición. Un agotado editor y escritor siguió estas instrucciones y se quedó atónito ante tanta energía. La calificó como «milagrosa».

Por favor, no desperdicies esta reserva de energía con alcohol, tabaco, comidas pesadas y pensamientos negativos. Esta fuente es demasiado valiosa como para malgastarla. Vigila tus pensamientos. Construye ideas positivas, productivas; enriquece siempre las vidas de las personas que te quieren. Mereces ser rico o rica, feliz, y tener éxito.

Este suministrador de energía te ayudará a conseguir cualquier cosa que desees. Pero el poder es poderoso y al utilizar los principios metafísicos debes ser consciente de que esta práctica lleva consigo una responsabilidad. Sé sabio y frugal en lo relativo a este poder. Se trata de una fuerza impersonal; no le importa si la utilizas para el bien o para el mal. La responsabilidad es tuya.

El camino metafísico debe transitarse con cautela. El mismo poder que te traerá lo que tu corazón desea también te empujará hacia abajo si lo utilizas mal. La energía mal dirigida sigue siendo energía. Si concentras tu energía en pensamientos negativos, ¡podría ser catastrófico! Tu carácter, si se descontrola, será más salvaje. Los pensamientos y palabras negativos te quitan energía y tienen una manera de materializarse.

Lo que llamamos milagros sólo son principios metafísicos llevados a cabo de acuerdo con las Leyes Universales, utilizando esta misma fuente de poder. Estos milagros se producen como resultado de un fluir positivo de energía. Pero siempre es el mismo poder. Hay muchas maneras de acumular, almacenar, utilizar bien y utilizar mal este enorme poder.

En mi clase de metafísica, pedí a mis alumnos que pensaran en algo que deseaban, pero que no fueran capaces de obtener. Se les indicó que utilizaran técnicas metafísicas para la visualización, la meditación y para aumentar sus niveles de energía. Les dije que deberían ver el objetivo deseado como algo que ya se ha materializado. Debían hacerlo dos veces al día; al despertar y al irse a dormir (cuando uno está en un estado astral). Si aparecía algún pensamiento negativo, debían decir con autoridad: «Cancela».

Una alumna, enfermera de profesión, tenía el deseo de librarse de una gran deuda. Después de seguir mis instrucciones religiosamente durante dos semanas, Jane me llamó preguntándome, «¿Podría Dios engañarme?». Le aseguré que, sin duda, ¡no podía hacerlo!

Esta es su historia. Habiendo realizado los ejercicios, la meditación y la visualización durante dos semanas, fue a una tienda a realizar su pago mensual habitual. Para su sorpresa, el empleado le dijo que no debía nada a la tienda. Ante la insistencia de ella, llamaron al director. Éste examinó los libros y estuvo de acuerdo con el empleado en que ella no debía nada.

Ella olvidó momentáneamente que este era exactamente el resultado que había deseado. Estaba tan intrigada por la desaparición de su deuda, ¡que, simplemente, tenía que saber lo que había sucedido!

–Tráigame los libros –exigió. ¡Tengo que saber lo que ha sucedido con la horrible deuda que me ha tenido atada durante tanto tiempo!

–No tenemos otros libros, excepto los que están en el almacén –dijo el director.

–¿Qué hacen con esos libros? –preguntó ella, desconcertada.

–Los guardamos durante siete años, de acuerdo con la ley de impuestos y después los quemamos. Pero nunca, jamás, los miramos.

–¡Tengo que saber lo que ha sucedido! –insistió Jane–. La cantidad que le debo a esta tienda ha sido una tremenda carga. ¿Cómo ha podido simplemente desaparecer? ¿No entiende por qué lo quiero saber?

A estas alturas, el director estaba empezando a sentirse perturbado a causa de Jane.

–Por favor, señora. Serían necesarias demasiadas horas de trabajo para satisfacer su curiosidad.

Ella estaba perpleja. Amenazó con escribirle al dueño de la tienda y decirle que el director se negaba a permitirle pagar su deuda. Éste se vio derrotado y, finalmente, cedió.

–Señora, voy a ceder a sus exigencias, a pesar de mi buen juicio, aunque le costará a esta tienda mucho más en horas de trabajo de los empleados que la deuda que usted cree tener. Tendremos que buscar en el almacén. ¡Qué carga más pesada!

Pasaron varios días. Finalmente, el director la llamó. Al parecer, después de buscar diligentemente, habían encontrado en la última página del libro mayor, con letra casi ilegible, la suma que ella le debía a la tienda.

Jane me llamó.

–Si, como tú dices, Dios no puede engañar, explícame cómo es que esta tienda no ha salido perdiendo a causa de este error.

–Jane, –le respondí– ¿realmente crees que un Dios que puede equilibrar este mundo de una forma tan sutil en su eje, que si se desviara una fracción, hacia uno u otro lado, todo lo que hay en este planeta se congelaría o sería quemado por completo por el sol, no es capaz de ocuparse de tu deuda con una tienda?

–¡Ahora tengo esa horrible deuda delante de mí otra vez! ¿Qué ha ocurrido? –exclamó.

—Pediste un milagro. Él te lo dio y tú se lo lanzaste de vuelta a la cara. El pago por el pecado es la muerte. Pero no la muerte como nosotros pensamos en ella, sino que ha sido la muerte de tu milagro, ¿no es así? —le expliqué.

Ahora compartiré con vosotros, mis lectores, mi propio ejemplo de la forma en que este poder metafísico puede derribarte si permites que la negatividad entre en tu vida. He estado enseñando los principios metafísicos desde hace años, de modo que sabéis que debería haber sabido lo que hacía.

Este suceso negativo me tuvo en sus garras durante diez largos y terribles años.

Yo mantenía una reserva de energía almacenada y preparada en todo momento. Esta experiencia me tomó por sorpresa. Yo no había considerado que alguien fuera de mí pudiera afectar mi vida de una forma tan enérgica, especialmente alguien a quien yo quería tanto. La acción de esta persona me lanzó cuesta abajo por ese camino negativo, con tal rapidez y furia que tardé diez años en recuperar el control. Los iguales se atraen, y yo tenía un ataque de negatividad que no cesaba. El poder que yo había acumulado, ¡me empujó hacia abajo como un martinete!

Me volví negativa, de modo que atraje a personas y circunstancias negativas. Era como si una bola de nieve que baja rodando por la montaña y crece al avanzar ¡me hubiese llevado con ella! Después de perder cerca de doscientos cincuenta mil dólares, como Job en la Biblia, me di cuenta de que, «¡Aquello que más temía me había sucedido!».

Durante mi caída hacia abajo, había entrado en un matrimonio terrible, que acabó costándome muy caro: económica, física y emocionalmente. Esto, junto con los malos negocios y las personas negativas a las que atraía, tenía que cambiar. ¿Cómo podía atraer resultados positivos cuando yo estaba inmersa en la negatividad del miedo y el remordimiento?

Yo sabía que, para cambiar la situación, lo único que tenía que hacer era darle la vuelta a algo, y todo lo demás vendría a continuación. Asumiendo toda la responsabilidad por mi situación, inicié mi largo camino de regreso a casa. ¡Gracias a

Dios que conocía el camino! «¿Cómo es posible», pensé, «que alguien que conoce la ley esté tan hundida en la negatividad que esté ciega a sus principios?».

El hijo pródigo había llegado a alimentarse con los puercos cuando se dio cuenta de que él mismo había creado su situación. «¡Mi padre es rico!», dijo, «Debo levantarme e ir con mi padre». El padre lo vio venir, ¡y corrió a abrazarlo! Aunque el padre había estado triste cuando su hijo se marchó, fijaos que no le impidió irse. Era el libre albedrío del hijo. Le dio el derecho a irse o quedarse, a pensar positiva o negativamente, a permanecer en la carencia o aceptar la prosperidad.

Dios le prometió a Abraham (que representa a todos nosotros): «Cualquier cosa que veas, te prometo que la tendrás».

Qué maravillosa promesa; ¡cualquier cosa que veas! Dios no dijo que tuviéramos que ver una cosa buena, sino ¡cualquier cosa que viésemos! Si vemos pobreza, se nos promete que la tendremos. Y si vemos riqueza, se nos promete que la tendremos. ¡Somos, verdaderamente, el capitán de nuestro propio barco!

Yo estaba viendo todas las cosas terribles que estaba experimentando, olvidándome de lo que había enseñado a los demás. Tenía que cambiar mi forma de pensar para cambiar mi mundo. Me convertí en mi propia clienta.

Tenía que cambiar la imagen que tenía en mi mente y empezar a ver los resultados deseados en lugar de ver lo que estaba ocurriendo a mi alrededor. Tenía que ver la imagen completa de cómo quería que fuese mi vida; ver y actuar como si ya se hubiera materializado, tal como yo se lo había enseñado a mis alumnos. «Doctora, ¡sánate a ti misma!», pensé.

El camino no fue fácil, en absoluto. Empecé a recordar cómo era cuando enseñaba y vivía los principios metafísicos, los milagros y los resultados de la Ley Universal. Sabía que la ignorancia de la ley, u olvidarla durante un tiempo, no nos exime de su recompensa. Yo había estado recogiendo exactamente lo que había sembrado: ¡negatividad! Necesitaba darme cuenta de esto y realizar una visualización positiva, constructiva, para poner en marcha esos principios metafísicos.

Empecé a perdonar, una por una, a todas las personas que me habían hecho daño, y a perdonarme a mí misma por permitir que lo hicieran. Luego, decidí que la desdicha que había sufrido debía tener una razón de ser. Me di cuenta de que era una lección de la vida; una experiencia de aprendizaje. Comencé a meditar, rezar y practicar la ética de la metafísica con seriedad.

Tenemos que vigilar nuestros pensamientos. Debemos ver solamente lo que deseamos, en lugar de fijarnos en lo que no tenemos. Nunca hagas una afirmación ni visualices algo hermoso y luego dejes entrar un pensamiento negativo. Eso es como escribir algo y luego borrarlo inmediatamente. Para tal caso, no lo hubieras escrito.

Haz que tus pensamientos sean algo que quieres que se materialice en tu vida. Vigila que nadie ni nada, como en mi caso, te lance cuesta abajo por el camino de la negatividad. Podría tomarte años volver a enderezar las cosas.

La depresión, la rabia, los celos, el miedo y la preocupación pueden quitarte el éxito que podrías haber tenido. Si alguien está intentando llevarte por un camino cuesta abajo mediante la rabia o la maldad, deténte y di para ti mismo: «Contemplo al Dios que hay en ti». O usa otras palabras que quieras, «el Poder Divino», la «Inteligencia Universal», cualquier cosa que funcione para ti.

Recuerdo la historia de un hombre al que retuvieron a punta de pistola en un oscuro callejón. Mientras el ladrón le exigía que le diera su dinero, el hombre decía, «Contemplo al Dios en ti».

Después de varios intentos de robarle y de que el hombre repitiera «Contemplo al Dios en ti», el delincuente corrió calle abajo gritando por encima de su hombro: «¡Está loco!». Dios trabaja de maneras misteriosas.

Si necesitas dinero, bendice tu billetera, tu libreta de ahorros y tus facturas mensuales. Sosténlas en tus manos y pronuncia la afirmación «Bendigo estas facturas y el servicio que me proporcionan. Las envío con alegría y el bien regresa a mí amplificado». Bendice de la misma manera tu dinero y tu chequera.

Un joven vendedor me estaba contando que necesitaba dinero. Le hice realizar el ejercicio que acabo de mencionar y luego bendije su tarjeta de presentación y le pedí que la mantuviera cerca de él como recordatorio del bien que estaba por llegarle; que mirar la tarjeta con frecuencia y repitiera la afirmación.

Un mes más tarde, me llamó para decirme que era el mejor vendedor del mes. Tres meses más tarde, se había comprado un coche nuevo. En su siguiente llamada, me reveló que había sido ascendido al puesto de director. Finalmente, llamó para decirme que se había mudado a una casa nueva y que se iba a tomar unas vacaciones de lujo.

Cuando hubo transcurrido un año, me llamó para pidió si podía pasar a verme para que yo le bendijera la tarjeta para un año más.

–¡He recibido tantas bendiciones! –exclamó–. Quiero continuar con esta práctica durante el resto de mi vida.

–¿Por qué no bendices la tarjeta tú mismo, de la misma manera que bendices tu billetera y tu tarjeta de ahorros? –le pregunté.

–¿Me está diciendo que funcionará si yo hago la bendición? Creía que había funcionado tan bien porque usted había bendecido mi tarjeta de presentación.

–Jim, –le respondí– la misma Inteligencia Universal que reside en mí vive en ti. No fui yo, sino tu fe en tu bien, lo que produjo todos esos milagros.

No supe nada de Jim durante un tiempo, hasta que un día me llamó para preguntarme si podía compartir este secreto con un amigo suyo que estaba sin suerte. Le aseguré que debería compartirlo con él y con cualquier otra persona que lo necesitara.

Si alguien tiene la suficiente fe para creer en el resultado sin un símbolo como una tarjeta bendecida, una pata de conejo o un amuleto, muy bien. Si necesitas un símbolo, ¡que así sea!

Si eres estudiante de metafísica, podrías usar tu «máximo suministrador de energía».

Técnica para el máximo suministrador de energía

1. Siéntate erguido, pero no tenso.

2. Inspira profundamente mientras cuentas hasta cinco.

3. Mientras el aire entra, cierra la mandíbula y aprieta los puños. Visualiza que al inhalar entra en ti una oleada de energía que estás almacenando en tu interior.

4. Relájate mientras espiras, contando hasta el diez.

5. Repite este procedimiento rítmicamente, diez veces.

Pasados veinte minutos, ¡te sentirás estupendamente! Si quieres conseguir un efecto aún mayor puedes añadir la técnica del «Hijo del Sol»:

1. Siéntate erguido pero relajado, con los pies tocándose y las manos juntas.

2. Visualiza el sol como una ardiente esfera de energía.

3. Concentra tu mente en tu cabeza. Visualiza una línea que va hasta el sol.

4. Mentalmente, eleva tu consciencia desde el cuerpo y sigue esta línea que te lleva hasta la bola de fuego en forma de espíritu. Deja que la energía del sol fluya por tu ser. Siente que eres como Peter Pan, revoloteando en torno a esta prodigiosa esfera de energía. Eres un hijo del sol; no hay nada que temer. Sumerge todo tu espíritu en este poder vigorizador, fortalecedor. Después de un minuto, debes regresar a tu cuerpo.

No tendrás deseos de marcharte, pero debes hacerlo. Más de un minuto te proporcionaría tanta energía que no podrías dormir. Has este ejercicio únicamente temprano por la mañana. El estallido de energía durará horas.

CAPÍTULO SEIS
••••••••••

Tengo tu número

La numerología es la ciencia de los números. Se trata de una manera fácil y divertida de explorar los misterios de la psique humana. Los números están por todas partes: fechas de nacimiento, tarjetas de crédito, tu número de la seguridad social, etc., y forman un lenguaje propio. Puedes aprender a decodificar este lenguaje y toda la información nueva sobre tu profesión, tu vida amorosa, tu familia y amigos.

La numerología fue inventada por los antiguos babilonios. Los griegos y los persas mejoraron sus teorías y los romanos realizaron más avances en esta ciencia. Actualmente, los numerólogos utilizan un código alfabético simplificado que se basa en las teorías de Pitágoras, el místico y matemático griego nacido aproximadamente en el año 550 a. C. Él creía que el mundo estaba construido sobre el poder de los números.

La numerología es una de las ciencias psíquicas más antiguas. Se dice que los números existieron antes que las letras. Incluso antes de que tuviéramos un lenguaje, éramos capaces de contar. Podíamos distinguir entre uno y dos palitos. Podíamos contar con nuestros dedos. Éramos capaces de determinar el número de días que faltaban para la siguiente luna llena.

De algún modo, los números nos encontraron. Siempre han

existido y existen fuera de las influencias específicas del clima, la ubicación y la historia. En otras palabras, a diferencia del lenguaje, los números no pueden ser influidos por la cultura. La idea del *cinco* es la misma para todos, no importa dónde estemos o qué idioma hablemos. No se puede decir lo mismo de la idea de *casa*. Una persona que vivía en las estepas, en Eurasia, hace doscientos años, tenía una comprensión muy distinta del concepto de *casa* que, por ejemplo, la de un habitante de Nueva York en la actualidad. Los números tienen una historia universal. Son parte de las leyes Divinas que lo gobiernan todo.

Tú eres una serie de números como, por ejemplo, tu número de nacimiento, tu nombre, tus números de la seguridad social, de tus permisos, pasaportes, tarjetas de crédito, de teléfono, de residencia y de las fechas en las que viajas. Puedes aprender muchas cosas sobre ti mismo, tu familia y tus amigos si sabes cómo hallar el valor numérico de esos números y lo que dicen sobre una determinada área de la vida.

Yo estaba haciendo un informe numerológico para un señor, cuando me fijé que todos los números que tenían que ver con su coche, como el número de su permiso de conducir, de la placa, del adhesivo de la revisión técnica y de matrícula, daban un cinco.

«Realmente le gusta conducir, ¿verdad?», le dije. Se quedó totalmente pasmado de que yo pudiera saber tanto sobre él a través de los números. Entonces le expliqué que el número cinco representa el entusiasmo y los viajes.

Mi marido y yo viajamos mucho, y siempre tenemos en consideración los números del día en que empezamos y finalizamos cualquier viaje o crucero. También nos fijamos en el número de camarote o de habitación, de nuestra reserva de mesa y cualquier otro número relacionado con el viaje. Si aparece un número cinco en nuestra mesa, sabemos que nuestros compañeros de cena serán personas con las que nos será apasionante estar. Si aparecen muchos sietes, esperamos que suceda algo misterioso o místico.

Para tener una comprensión amplia de la numerología, hace falta tiempo e investigación. Existen volúmenes enteros dedicados a aspectos concretos de la numerología y puedes encontrarlos en cualquier biblioteca. Estos libros dedican capítulos enteros a un solo número y en ellos puedes encontrar un análisis profundo y diversas técnicas para encontrar las respuestas a muchas preguntas. He aquí algunas técnicas para empezar:

Técnica de numerología para encontrar tu número de nacimiento

El siguiente método te enseñará a leer tus números de nacimiento: Primero, toma una hoja de papel y escribe el día, el mes y el año en que naciste. A continuación, convierte cada uno de estos datos en un número, utilizando la siguiente tabla:

enero	= 1	febrero	= 2	marzo	= 3
abril	= 4	mayo	= 5	junio	= 6
julio	= 7	agosto	= 8	septiembre	= 9
octubre	= 10	noviembre	= 11	diciembre	= 12

Suma el valor numérico del día, mes y año de tu número de nacimiento. Siempre reduce el número a un solo dígito. Si el número que obtienes es el 18, suma el uno y el ocho. $1 + 8 = 9$.

Ejemplo: 7 de junio de 1920 da como resultado el valor numérico de junio (que es 6) más el valor del día (7) más los cuatro dígitos del año. Redúcelo a un número de un solo dígito $(1 + 9 + 2 + 0) = 12$. $1 + 2 = 3$. Ahora suma los tres números: $6 + 7 + 3 = 16$. $1 + 6 = 7$. Tu número de nacimiento es el siete, y nunca cambia. Tu día de suerte es el mismo que tu número de nacimiento.

Técnica para encontrar
el número de tu nombre

La siguiente tabla te dirá cuál es el valor numérico de cada letra. Usa esta tabla para encontrar el número de tu nombre. Apunta el valor numérico de cada letra de la siguiente manera:

A	B	C	D	E	F	G	H	I
J	K	L	M	N	O	P	Q	R
S	T	U	V	W	X	Y	Z	
1	2	3	4	5	6	7	8	9

O quizá esta tabla te resulte más fácil de utilizar:

AJS = 1	BKT = 2	CLU = 3
DMV = 4	ENW = 5	FOX = 6
GPY = 7	HQZ = 8	IR = 9

Ejemplo: Andrew Smith
Andrew es igual a 1 + 5 + 4 + 9 + 5 + 5 = 29
Smith es igual a 1 + 4 + 9 + 2 + 8 = 24
Ahora, para obtener un solo dígito de cada nombre:
Andrew es igual a 29, entonces 2 + 9 = 11 y 1 + 1 = 2.
Smith es igual a 24, entonces 2 + 4 = 6.
Ahora, suma los dos dígitos: 2 + 6 = 8
El número de Andrew Smith es el 8.
Utilizando estas tablas puedes hallar el valor de cualquier número o palabra. El número siempre debe ser convertido en un número de un dígito.

Los colores también tienen valores numéricos, como sigue:

Negro = 1	Amarillo = 2	Morado = 3	Naranja = 4
Azul = 5	Verde = 6	Gris = 7	Rojo = 8

El dorado es una mezcla de naranja y gris (4 + 7 = 11). Conviértelo en un único dígito, 1 + 1 = 2. De modo que el dorado es un 2.

He aquí un ejemplo de lo que podrías enterarte acerca de una amiga si sabes cuál es su color preferido. Supongamos que su color favorito es el azul. Ahora, busca su valor numérico en la tabla. Es el cinco. El número 5 te dice que a tu amiga le gustan las emociones y viajar. Debería ser una persona divertida.

Algunos números se mantienen constantes, mientras que otros podrían cambiar a lo largo de tu vida. Tu fecha de nacimiento no puede cambiar, de modo que permanece constante. Si te casas o añades o quitas una inicial del centro, eso cambiaría tu número. Tu número de residencia o de teléfono cambiarán si te mudas. La mayoría de numerólogos prefieren que el número de tu nombre sea tal como firmarías un papel importante como, por ejemplo, un cheque. Muchos actores se cambian de nombre para tener un número más favorable.

Técnica para encontrar tu número de este año

Tu número de nacimiento indica el tipo de personalidad y no puede ser cambiado. El número de tu nombre representa la ambición y el logro, pero puede cambiar.

Cada año, las vibraciones numéricas cambian. Esto quiere decir que cuando calculas tu número del año, utilizas el año presente y tu fecha de nacimiento. Cada año, tienes un número nuevo y una nueva vibración.

Suma el valor numérico de tu fecha de nacimiento y la fecha de hoy.

1995 es igual a 1 + 9 + 9 + 5, que es igual a 24, y 2 + 4 = 6. 1995 es un año 6.

Suma tu número de nacimiento y el número de tu nombre

con el número de este año (por ejemplo, 1995). Si tu número de nacimiento es el 5 y el número de tu nombre es el 6, suma 5 + 6 + 6 = 17 y 1 + 7 = 8. El número de tu año personal es el 8. Usa la sección de descripción para ubicar tu número de este año y ver lo que te dice.

¿Alguna vez has deseado saber cómo te ven los demás? Para averiguarlo, suma todas las consonantes de tu nombre, reduce ese número a un solo dígito y busca el significado en la descripción. Para encontrar una pareja adecuada, haz la numerología como la has hecho para ti. Recuerda siempre que debes reducir cada número a un solo dígito y luego buscar el significado de dicho número. Otra técnica útil para encontrar a una pareja amorosa es calcular tu número de vibración sumando todas las vocales de tu nombre y luego reduciéndolas a un número de un solo dígito. Luego compáralo con el número de tu pareja. Puedes averiguar cuál es el mayor deseo de una persona utilizando la misma técnica. Suma todas las vocales de su nombre y luego reduce el número a uno de un solo dígito.

¿Qué clase de día tendrás? Toma la fecha que tengas en mente. Por ejemplo, 9 de junio de 1991 = (1 + 9 + 9 + 1 = 20, 2 + 0 = 2). 6 + 9 + 2 = 17. Redúcelo a un solo dígito: 1 + 7 = 8. Busca el significado del 8. Para tu día personal, suma tu número de nacimiento, el número de tu nombre y el número del día actual. Redúcelo a un solo dígito. Busca el significado del número. Usa la siguiente tabla para hallar el significado de cada número.

Del 1 al 9: ¿Qué significan?

El **número 1** representa un espíritu pionero. La persona que es un uno es solitaria, es líder y es independiente. El número uno llegó primero, está solo. A menudo, el uno puede ser una persona controladora, que quiere que las cosas se hagan a su manera. Afortunadamente, su manera de hacer las cosas suele ser la mejor. Una persona cuyo número es el uno podría dar buenos consejos para que los demás se ayuden a sí mismos. Si tu día personal es el uno, saca provecho de las cosas que caen en un día uno. El uno es bueno para nuevos comienzos y retos. Los uno son muy generosos cuando se trata de amor. Tienden a concentrar mucha atención en su pareja. Cuando un uno se decide, no hay otras opciones. Los mejores meses para un uno son octubre y noviembre.

El **número 2** representa el equilibrio, así como el contraste. El dos significa el día y la noche, lo negativo y lo positivo, ver los dos lados de una cuestión. Los dos son muy leales. Tienen mucha empatía y esto puede hacerles perder de vista sus propias necesidades. Si eres un dos, intenta prestarte la misma atención que prestas a los demás. El dos significa tener una gran habilidad para organizar. Los dos pueden mirar una situación y ver lo que se tiene que hacer. Un día dos es un buen día para tomar decisiones, sopesar problemas y planificar. Un dos puede tender a estar un poco necesitado en el amor. Las fuerzas contrastantes en su interior crean un equilibrio, una quietud. Buscan a los demás para que avancen con ellos. El mes de agosto es el mejor momento del año.

El **número 3** simboliza el intelecto. El tres es una persona que, a diferencia del dos, tiene un impulso constante hacia el movimiento. El tres representa el triángulo, el cual simboliza el pasado, el presente y el futuro, un comienzo, un medio y un final. También representa la altura, la profundidad y la amplitud; la dimensión, sin la cual ningún material puede existir. Los tres son personas con mucha suerte. Están llenos de vida. Los tres pueden ser excelentes líderes. El tres, como pareja, es muy coqueto y disfruta de la aventura en el amor. Un día tres es bueno para vender, para mostrarse, para la expresión de uno mismo; pero ten cuidado si tienes que firmar cualquier cosa en este día. El pleno verano es el mejor momento del año.

El **número** 4 representa la formalidad, la resistencia y la solidez, tal como lo muestra el cuadrado. Los cuatro son muy pragmáticos. Necesitan el orden. No se sienten inspirados por arrebatos de fantasía. El método probado y comprobado es lo que mejor funciona para cualquiera que tenga este número. El cuatro es el más primitivo de todos los números; representa las estaciones y los elementos: fuego, aire, tierra y agua. El cuatro representa el ámbito físico. A los cuatro les encanta el afecto físico. Un día cuatro es bueno para asuntos de rutina y para acabar pequeños trabajos. No es un buen día para especular. No hagas ninguna apuesta en un día cuatro. La primavera es una gran época del año para cualquier cuatro.

Al **número** 5 le encantan los cambios, las emociones, los viajes y la vida abundante. Los cinco son entusiastas y lo prueban todo una vez. Buscan lo nuevo y luego pasan a otra cosa. Pueden hablar de cualquier cosa, les encanta la música y son perfectos para salir con ellos. Pero los romances a largo plazo pueden no ser lo mejor para un cinco. Un día cinco está lleno de emociones y vigor; es un día para correr riesgos si el objetivo vale la pena. Abril y mayo son buenos meses si éste es tu número.

El **número** 6 es honesto y se puede confiar en él. Un seis es una persona muy estable. Son sinceros, alegres y optimistas. Son empleados muy capaces. Los seis están muy orientados a la familia. La casa y el hogar son los lugares donde prefieren estar. Buscan relaciones de larga duración. Un día seis es un momento para la buena voluntad y el entendimiento. Es un buen día para una nueva iniciativa. El seis representa los seis colores del arco iris. El seis es divisible por número pares o impares, lo cual hace que sea un día que depende de ti para el resultado. La mejor época es el invierno.

El **número** 7 representa la sanación y ayudar a los demás. Se trata de un número espiritual y tiene un valor religioso. A las personas de este número les encanta meditar, estudiar e investigar en el plano superior. Un siete puede acceder al universo y al extraño mundo que está más allá del velo mortal. Una persona a la que se le asigna este número siente que el único pecado es la crueldad y que la mayor virtud es la bondad. El número siete simboliza los siete días de la semana, los siete planetas gobernantes y las siete notas de una escala musical. El siete combina la unidad del uno con la perfección del seis para formar su simetría. Los siete son seres muy sensuales. En un día siete suceden cosas extrañas, cosas de naturaleza misteriosa y mística. El principio de la primavera es tu mejor momento.

El **número 8** representa el éxito y recoger la cosecha que has sembrado. El ocho es un número de solidez, como lo demuestra el doble cuadrado. Una persona ocho sabe sacar lo mejor de los demás, pero tiene la tendencia a juzgar a los demás por su riqueza y su éxito. Los ocho tienen fuertes habilidades psíquicas. Suelen ser muy atractivos y consiguen mucha atención del sexo opuesto. Un día ocho es adecuado para inversiones sólidas y decisiones relacionadas con las finanzas. La mitad del año es una buena época para ti.

El **número 9** es el más grande de todos los números, pues representa la consciencia, la unidad y los grandes logros. Una persona nueve puede destacar en la música, el arte y la invención. Los nueve son visionarios. Ven más allá del momento presente y logran grandes cosas a largo plazo. En ocasiones, su visión les lleva a lugares oscuros, y tienden a cuestionar la naturaleza de las personas que los rodean, especialmente de sus parejas. Un día nueve es bueno para presentar propuestas. Es un día para los triunfos personales y para los proyectos artísticos y competitivos. En un día nueve, aspira a grandes cosas. Usa tu mente superior para que te guíe en todas tus decisiones. Si eres justo y tienes buenas intenciones, pueden ocurrir grandes cosas. Los meses de julio y agosto son estupendos si eres un nueve.

Al estudiar esta fascinante ciencia, mi marido y yo nos hemos convencido del poder de los números. Muchos grandes maestros y líderes, del pasado y del presente, tienen la misma confianza en el poder de los números. La numerología nos proporciona las herramientas para explorar nuestros deseos, sueños y retos personales más profundos. La vida debería ser una continua conciencia, que esté viva con expresión de uno mismo y libertad. La numerología es un método fácil que puedes usar para responder preguntas importantes y cambiar tu vida. Pruébalo y comprueba si la numerología puede añadir una dimensión emocionante a tu vida.

Capítulo siete
¿Tengo derecho a prosperar?

Vivimos en un universo que rebosa de abundancia, pero muchas personas parecen experimentar unas vidas llenas de carencias y limitaciones. ¿Es posible que sólo unos pocos afortunados estén destinados a tener prosperidad?

La respuesta a esa pregunta es «No». La abundancia y la prosperidad son tu derecho de nacimiento. Eres parte de lo Divino y, como tal, tienes todos los poderes, las cualidades y los atributos de la esencia Divina que hay en tu interior. Eres uno con el Poder Creador del Universo, al que no le falta nada. Toda la riqueza del universo está en tu interior. Es sólo el miedo el que te dice que no hay suficiente para todos, de modo que *alguien* tiene que sufrir. Una actitud así divide a la gente, promoviendo la competencia y la negatividad.

El máximo objetivo es el bienestar espiritual, y lo que se experimenta a nivel espiritual se refleja a nivel material. No hay ninguna virtud en la pobreza. En ningún lugar enseñan los maestros que es un vicio ser rico y una virtud ser pobre. En las antiguas enseñanzas, si alguien se encontraba en la pobreza, la pregunta era «¿en qué has pecado?». Ninguno de los grandes maestros creía que la pobreza o la mala salud fueran una bendición para nadie, o que sirvieran a un buen propósito.

Nadie tiene por qué ser pobre. La pobreza no tiene ningún poder para ayudar a nadie. Jesús no era pobre. Vestía ropa fina sin costuras. Tan valiosa era, que los soldados romanos echaron a suertes quién se la quedaría. Únicamente las personas que tenían una buena situación económica vestían prendas sin costuras. Los estudiosos modernos están de acuerdo en que Jesús era honrado y mantenido mucho mejor que la mayoría de rabinos de la época. Iba bien vestido, tenía un buen alojamiento y una buena alimentación. Conocía el secreto de la provisión y colocaba la fuente Divina en primer lugar como recurso fundamental e inagotable.

La pobreza puede definirse como un estado de carencia, de miseria o de deficiencia. Ninguno de los grandes maestros abogaba por la pobreza. Estudia las enseñanzas de Buda, Jesús, Mahoma o Krishna. Sus enseñanzas ponen énfasis en la necesidad de renunciar a las sensaciones mundanas. El pensamiento clave es renunciar al «amor por» dichas sensaciones. Dicho «amor» te rebaja porque estás más concentrado en el «objeto del amor» –en este caso, el dinero y la riqueza– que en el papel que deberías jugar en tu vida.

La prosperidad es el estado de tener éxito, adquiriéndolo con una combinación de inteligencia, fe y actitud. ¿Quién toma la decisión sobre quién será rico y quién será pobre? Como agentes del libre albedrío, nosotros hacemos la elección.

Las palabras y los pensamientos son cosas. ¡Se materializan! Empezamos teniendo imágenes en nuestra mente, las cuales se transforman en acciones. Si ves pobreza, te conviertes en ella. Si ves riqueza, sin duda vendrá a ti. Todos estamos dotados del libre albedrío: podemos elegir lo que hay en nuestro mundo. Aquello que no eres capaz de visualizar no puede ser tuyo. Las riquezas que hay en tu mente no conocen límites, excepto los que tú te impones.

Emmet Fox lo explica así: «Cada vez que utilizamos o damos a entender la palabra «yo» o «Yo soy», estamos girando un cheque a cargo del universo. Éste cheque será cobrado y los resultados llegarán a nosotros». Si decimos «Soy un fracaso» o «Soy pobre» o «Estoy enfermo», el cheque será cobrado y se nos pagará con los resultados, que serán el fracaso, la pobreza o una mala salud. Pero si nuestras palabras son «Yo soy rico, sano, y un éxito», nuestros dividendos serán el éxito, la buena salud y la prosperidad. La ignorancia de la ley no niega su recompensa.

Si no hay prosperidad en tu vida, quizá deberías considerar qué tipo de semilla estás sembrando, qué pensamientos están dominando tu vida. Reconoce tu propia responsabilidad por tus experiencias de vida y establece un nuevo rumbo en el movimiento.

Continuamente estamos decretando algo ante el universo, ya sea consciente como inconscientemente. Con cada pensamiento, o bien estamos incrementando o bien disminuyendo el bien en nuestras vidas. Vivimos en un universo de una sustancia inagotable que está lista para manifestarse de acuerdo con nuestros pensamientos.

La sustancia se expresa a través de la mente del hombre. Todo ser humano que ha prosperado lo ha hecho por los preceptos de la Ley Universal, pues esa es la única manera. Muchos ni siquiera saben que están utilizando los principios universales, pero una vez que la ley se pone en movimiento, ellos recogen los beneficios de una acción infalible. La provisión llega a nosotros según nuestra habilidad y nuestro deseo de usarla.

Otro secreto para vivir una vida felizmente abundante es desear éxito y riqueza para los demás, tanto como los deseas para ti. En lugar de rezar pidiendo dinero, podrías pedir ideas ricas que podrían ayudar a los demás o enriquecer el planeta.

Una de las mejores maneras de aumentar tu sustancia es por el sistema del diezmo. El diezmo viene de una antigua palabra que significaba «un décimo». Esta es una de las leyes fundamentales de la vida: después de la cosecha, el diezmo de un agricultor es una décima parte de su cosecha, la cual devuelve a la tierra. Sin dicho diezmo, no habría cultivo ni cosecha. El sistema del diezmo pone en marcha ley de la gratitud. La gratitud te mantiene sintonizado con el infinito, conectado con las fuerzas creadoras del universo.

A medida que tu riqueza aumenta, también lo hace el diezmo. No tiene que ser, necesariamente, una décima parte; debería ser una cantidad que tú puedas dar con alegría, libremente y con una sensación de abandono, sabiendo que la Inteligencia Universal es tu fuente de provisión, asegurándote de que tus necesidades siempre serán satisfechas.

Cuando das libre y alegremente, el alma se fortalece y aumenta su confianza. No des de mala gana tus diezmos; el miedo a la escasez niega el propósito del diezmo y una actitud así atraerá la carencia a tu vida e impedirá que las bendiciones de la abundancia fluyan hacia ti. Es mejor no dar nada que dar de mala gana. Antes bien, bendice tu diezmo y déjalo libre, y éste regresará a ti multiplicado por mil. Te convertirás en un imán, atrayendo la prosperidad y la abundancia a tu vida.

El diezmo no tiene que ser solamente dinero; también puedes dar un diezmo de tu tiempo, de tu talento y de tus pensamientos. Dar y recibir, tanto si es en cosas tangibles como intangibles, es como un río. Mientras hay una entrada y una salida, el agua fluye pura, pero si el río se echa a perder por falta de circulación, el agua se estanca. Recibimos para dar y damos para recibir.

Siembra semillas de abundancia en tu vida y mantén la atmósfera cargada de alegría y agradecimiento. Usa la ley de la gratitud para incrementar tu prosperidad. Como afirmé en el capítulo cinco, cuando recibas una factura, bendice el bien y el servicio que representa. Bendice tu dinero, tu cuenta bancaria y tu billetera. Usa la siguiente afirmación:

«Bendigo este dinero y estas facturas que representan mi comodidad. Envío este dinero con alegría y regresa a mí multiplicado. Me siento agradecido por el siempre creciente fluir de la abundancia en mi vida». El mejor momento para hacer esto es en el momento de irte a dormir y al despertar.

Concéntrate en todo el bien que has hecho: las veces en que diste cuando en realidad no podías permitírtelo, cuando ayudaste a un extraño sin pensar en la recompensa, cuando fuiste especialmente comprensivo o comprensiva con tus hijos y con tu familia, y date cuenta de que debes recibir de acuerdo con la ley universal de la atracción.

Si te concentras en la carencia, eso es lo que atraerás; pensar en la riqueza y sentirla hará que haya más abundancia en tu vida. Has de saber que la infinita riqueza del universo fluirá copiosamente hacia ti. Desarrolla la consciencia de una vida abundante y tienes que recibirla. Así funciona la Mente Divina. ¡Tienes derecho a prosperar!

Técnica para cosechar prosperidad

1. Haz esto al despertar y justo antes de irte a dormir. Colócate en una posición cómoda.

2. Respira hondo y rítmicamente. Relájate mientras te concentras en tu respiración.

3. Libera todos los sentimientos de remordimiento, los pensamientos de ser engañado, o de no ser apreciado, o de juzgar mal o de preguntarte cómo desquitarte. Entrega todos estos pensamientos al Divino. Cuando intenten invadir tu consciencia, di afirmativamente: «Cancela».

4. Piensa en todo el bien que has hecho, en las bendiciones que has llevado a las vidas de otras personas.

5. Con una profunda consciencia de la Ley Universal que está en funcionamiento en tu vida, date cuenta de que tienes una inmensa cosecha que está esperando a que tú la recojas.

6. Siente la riqueza de esta cosecha, madura y lista para ser recogida por ti.

7. Planea lo que harás con la abundante recompensa. ¿Con quién te gustaría compartirla?

8. Declara: «Reclamo mi bien del pasado y el presente.

Acepto mis bendiciones. Les doy la bienvenida. ¡Mi bien está a la mano y lo experimento ahora!».

9. Acaba visualizando una rica cosecha. Visualízala ¡AHORA!

10. Hazlo por la mañana y por la noche. Luego, déjalo hasta la próxima vez.

CAPÍTULO OCHO

El dominio de la energía psíquica o del alma

Vivimos en un mar de energía pura, una energía o fuerza vital que se encuentra en todas las cosas. Estamos rodeados de ella, del mismo modo que el pez está rodeado de agua. Ella es parte de todo lo que existe: tierra, aire, agua y fuego, los planetas y las constelaciones, incluso nuestra consciencia. Esta energía también puede ser llamada energía *psíquica* o *del alma*.

La energía psíquica funciona a un nivel vibracional sumamente alto. Nosotros podemos detectar esta fuerza vital universal cuando ella emana de todas las cosas; incluso de los objetos inanimados. Es *la* fuerza vital primordial y a través de ella conectamos con el resto del universo.

Piensa en tu alma como si fuese un diminuto transmisor electromagnético. Cada pensamiento que tienes, cada acción y reacción, es lanzado a las ondas aéreas cósmicas. Una vez ahí, tiene acceso a todo lo que hay en el universo.

Dado que todo en el universo tiene un campo vital, todos los campos afectan a todos los demás y, a su vez, son afectados por ellos. Hay un constante intercambio de energía que está teniendo lugar todo el tiempo. Toda experiencia implica este intercambio de energía. Así que, ya ves lo importante que es hacer una contribución positiva a este campo compartido de energía psíquica.

Tenemos que aprender a usar esta energía psíquica correctamente para mejorar nuestro mundo. Cuando estemos más armonizados con la energía psíquica del planeta entraremos en un espíritu de cooperación amorosa con el mundo natural, funcionando como iguales y co-creadores, en lugar de como subyugadores y explotadores. Necesitamos superar la idea del «dominio» del planeta y aprender a cooperar con la naturaleza. Nuestro egoísmo ha producido a la explotación del entorno por parte de la ciencia y la tecnología, contribuyendo así a la contaminación del aire y el agua, a la superpoblación y otras amenazas ecológicas.

Un uso inapropiado de la energía psíquica o del alma puede tener consecuencias desastrosas. La historia de la guerra es la historia de una energía del alma mal utilizada. Las guerras no pueden librarse sin que una gran cantidad de gente se concentre en la destrucción de la batalla. Qué desperdicio de nuestra valiosa energía psíquica. Estos gastos de energía del alma mal dirigida tienen efectos devastadores en la vida de nuestro planeta y en el futuro de la humanidad. Hay muchas maneras de desperdiciar y utilizar mal esta valiosa energía y entre ellas están los celos, la codicia, el egoísmo y todas las emociones basadas en el miedo.

Lo importante es reconocer que esta energía conecta todas las cosas. Todos somos Uno. Podemos usar nuestra energía psíquica para producir un cambio positivo y traer paz y armonía a nuestro planeta.

Una manera de acumular energía psíquica es estando en comunión con la naturaleza. Toca las puntas de las agujas de un abeto con las yemas de los dedos de la mano, incluido el pulgar. Manténlas ahí uno dos minutos, aproximadamente. Haz esto varias veces al día y, definitivamente, verás cómo aumenta tu sensación de bienestar. También puedes recargar tus baterías en una sesión de veinte minutos, o más larga, si lo deseas. Tomar una siesta bajo un pino y apoyarte contra su tronco te permitirá acceder a la fuerza vital del árbol. Otros árboles que también son buenos para este propósito son el roble, la haya y el manzano.

Conocí a un enfermo terminal cuyos médicos habían hecho todo lo que podían por él y le daban muy poco tiempo de vida. El hombre fue a un parque nacional en el que había un denso bosque de pinos. Dirigiéndose hasta el centro mismo del bosque, montó su tienda y acampó ahí durante seis meses. Durante ese tiempo les pidió a los árboles que compartieran su energía con él y trabajó duro para deshacerse de cualquier energía negativa del alma. Cuando regresó, sus médicos estaban asombrados: no quedaba ni rastro de la enfermedad. Había desaparecido por completo.

El Aura

El aura es el campo de energía electromagnética que rodea a todos los seres vivos y objetos inanimados. La fuente de este campo de energía es la energía psíquica o del alma. El aura humana es tridimensional al rodear al cuerpo y está compuesta de diferentes capas de energía. Cada capa tiene su propio nivel vibracional. Cuando más fina y más sutil es la vibración, más grande es la capa y más espacio ocupa.

La primera capa del aura humana rodea y sostiene al cuerpo físico; se llama cuerpo astral o etérico. El siguiente campo es afectado y modificado por lo que sentimos y se denomina, apropiadamente, campo emocional. El tercero, el campo mental, es controlado por nuestros pensamientos, actitudes y puntos de vista. Hay un cuarto campo, el aura espiritual, que puede extenderse grandes distancias desde el cuerpo físico, dependiendo de la conciencia de la persona. Se ha dicho que el aura espiritual de Buda se extendía más de doscientas millas.

Técnica para leer el aura

Para leer el aura debes desenfocar ligeramente la vista, como si miraras a la persona, pero sin enfocarla. En realidad, esto se consigue mejor fijando la mirada aproximadamente entre seis y nueve pulgadas detrás del sujeto. Cuando los ojos se empiezan a cansar, el enfoque cambia, convirtiéndose en una mirada que casi no ve. Entonces el aura se hace visible. Se puede practicar con uno mismo utilizando un espejo y bajando la luz. Dale tiempo a esta habilidad para que se desarrolle, no la fuerces. No te tenses para ver el aura. Si no tienes éxito inmediatamente, sigue intentándolo con tranquilidad y paciencia.

Paracelso, el médico y alquimista suizo, creía que toda enfermedad era el resultado de una rotura o una debilidad en el aura. Al restaurar el aura, la salud vuelve a la normalidad. Muchas personas siguen creyendo que esto es cierto y actualmente médicos de todo el mundo sanan la fuerza vital que sostiene al cuerpo físico en lugar de sanar al cuerpo en sí.

El sanador examina el aura buscando cualquier decoloración o grieta. Esto puede determinar qué está provocando la enfermedad. A continuación, el sanador visualiza distintos colores, dependiendo de la enfermedad específica y los integra en el aura del paciente. El violeta para aliviar, el verde brillante para dar vigor, el naranja para elevar el ánimo, el amarillo dorado para estabilizar y equilibrar los nervios agitados, el rojo para la estimulación y el azul claro para la sangre y los órganos.

Estos sanadores encuentran que rehabilitar la energía de una persona con su propia energía es tan eficaz como medicar para una enfermedad física. El sanador puede utilizar la «imposición de manos» para proyectar su energía psíquica en el paciente. O puede, simplemente, alterar su propio estado de consciencia y concentrar su mente subconsciente en la energía psíquica, o del alma, del paciente.

Todas las funciones del cuerpo (física, metabólica, emocional, mental y espiritual) son afectadas por las energías que intercambiamos con otras personas. ¿Has oído hablar alguna vez de los vampiros psíquicos? Un vampiro psíquico es alguien que le quita energía vital a otras personas a través de sus auras. Muchas veces estos individuos no son conscientes de que su atmósfera pesimista y negativa está agotando a las personas que los rodean. El resto de nosotros puede sentirlo inmediatamente, pero somos incapaces de identificar la fuente. Lo que viene a continuación es un encuentro con un vampiro psíquico.

Pasé por la oficina de mi amiga Geraldine para llevarla a almorzar. Noté que parecía un tanto pálida y lánguida. Al principio pensé en dejar nuestro almuerzo para otro día, porque me pareció que podía estar demasiado cansada, pero ella insistió en que lo único que necesitaba era un poco de aire fresco.

El paseo hasta el café fue refrescante y cuando nos sentamos en el restaurante ella empezó a recuperar su color y volvió a ser ella misma.

Cuando regresamos a su oficina, me crucé con Bill, un viejo amigo, y charlamos en la recepción durante unos minutos mientras Geraldine llamaba a su secretaria, Nancy, para que acudiera a su despacho.

Al entrar en el despacho de Geraldine, le pregunté:

—¿Cuánto tiempo lleva Nancy contigo?

—Unos seis meses, supongo. ¿Por qué lo preguntas? —replicó.

—Debo decirte que tenéis a un vampiro psíquico entre vosotros. He notado que Bill y tú estáis agotados después de cualquier encuentro con ella.

—¿Qué diantres es un vampiro psíquico? —inquirió Geraldine.

—Un vampiro psíquico es alguien que mina tu energía psíquica drenando tu aura. No pienses que Nancy es consciente de ello, pero sin duda ella es la razón de que Bill y tú tengáis serios bajones en vuestros niveles de energía. Tu salud mental y física están en riesgo si la tienes cerca.

Les enseñé a Geraldine y a Bill a mantener una luz blanca protectora en torno a sí mismos cuando Nancy estuviera cerca. Afortunadamente, Nancy dejó la empresa poco después de mi visita y Geraldine volvió a ser la persona vibrante que era.

De modo que, como puedes ver, es importante mantener el aura fuerte y sana. Un aura vibrante significa protección contra pensamientos negativos y acciones de las personas que te rodean. Un aura fuerte te ayudará a sentirte sereno y te permitirá concentrarte en lo positivo. Para mantener un aura fuerte tienes que alimentarte de una forma sensata y descansar lo necesario. Una actitud mental positiva es esencial.

Varios psíquicos me han dicho en diversas ocasiones que tengo un aura muy fuerte. En una ocasión estaba esperando a una amiga en la recepción de un hotel, cuando sentí que alguien me observaba insistentemente. Me volví para ver de dónde provenía esa fuerte impresión.

Un hombre alto se me acercó y me dijo: «Perdóneme. Sé que percibió que estaba mirando su aura. Hay pocas auras realmente hermosas y la suya es encantadora. No pude evitarlo».

Me explicó que algunas auras reflejan colores oscuros, sombríos o feos. Esto puede deberse a una mala salud o a un temperamento malo o negativo. Continuó diciéndome que su habilidad para leer auras era el resultado de una fuerte caída de una escalera que le había roto el cráneo. La grave fractura le había abierto el tercer ojo, lo cual tuvo como resultado su habilidad para leer las auras. Después de su recuperación, sus habilidades psíquicas se habían vuelto bastante fuertes.

Charlamos unos minutos más, luego él se marchó. Entonces me di cuenta de que no nos habíamos preguntado los nombres, pero había sido una de esas conversaciones sumamente agradables, como las que tienen lugar entre viejos amigos. Fue cuando leí un artículo sobre él en una revista supe que había estado hablando con el famoso psíquico Peter Hurkos.

Técnica para fortalecer el aura

He aquí una sencilla técnica para fortalecer tu aura. En primer lugar, imagina un cilindro de luz de aproximadamente tres metros de altura y un metro cincuenta de diámetro. Luego visualízate suspendido en el centro. La luz debe ser de un blanco claro, con rayos de colores pastel jugando a través de ella. Atrae protección al cilindro espiritual pensando en la consciencia divina. Usa esta armadura para protegerte y proteger a tus seres queridos colocando este cilindro de luz en torno a ellos y a ti. La música es una buena creadora de vibraciones. Te sugiero que llenes el cilindro con tu música favorita haciéndola sonar en tu equipo de música o simplemente imaginando sus notas en tu mente.

La energía psíquica o del alma puede tener muchos usos. El zahorí utiliza su energía psíquica para encontrar agua, petróleo, túneles y mineral. La primitiva ramita de avellano ha dado paso a instrumentos plegables de metal o plástico con forma de Y. Algunos zahoríes utilizan el péndulo y un mapa.

Los objetos físicos, como ropa y joyas, retienen las vibraciones energéticas de quienes los han usado. Las casas de la gente también retienen esas vibraciones. Un psicometrista, al sostener un objeto en su mano al entrar en una casa, puede sintonizar con las vibraciones energéticas y leer la personalidad o la historia de un determinado individuo.

Otros caminos para usar este tipo de poder son la telepatía, leer la mente de otra persona; la teleportación, la capacidad de mover objetos sin tocarlos; la precognición, ver o ser consciente de acontecimientos antes de que ocurran, y muchas otras habilidades psíquicas. O la proyección astral, de la que ya hablamos en el capítulo cuatro. La levitación es otra hazaña psíquica: desafiar la gravedad levantándose uno mismo, o a otra persona, en el aire mediante el poder de la mente. Todas estas poderosas habilidades se consiguen mediante el uso de la energía psíquica.

Si quieres fortalecer tu energía psíquica o del alma, mantén tu cerebro estimulado con una mente positiva. La pereza, tanto física como mental, disipa esta valiosa fuerza vital. Los pensamientos son poder; no permitas que vaguen. Guárdalos para ti y contrólalos; recuerda que ahí donde pones tu atención, fluye tu energía.

Puedes perder gran parte de tu energía si te concentras en personas con una frecuencia vibracional más baja que la tuya. En lugar de eso, aprende a concentrar tus pensamientos en los grandes maestros, escritores, músicos y seres espirituales. Ellos te inspirarán mental y espiritualmente. Utilizando la ley que dice «La energía sigue al pensamiento» podemos fortalecer, sanar y estimular cualquier parte de nuestro cuerpo.

El color y el sonido juegan un papel importante en nuestras vidas y pueden ser utilizados con gran ventaja. Los cantos y los mantras se han usado durante siglos en muchos países como China, India y Tíbet para aumentar el poder psíquico. El sonido Om está considerado como la vibración espiritual más elevada y es un poderoso mantra cuando suena en *re*, por encima del *do*. Cuando esto se hace en grupos, el sonido produce un poder psíquico colectivo.

Técnica para aumentar tu poder psíquico

Colócate de pie delante de una ventana abierta y estira los brazos horizontalmente. Inspira contando hasta cinco. Espira contando hasta diez. Repite diez veces.

Este ejercicio puedes realizarlo sentado o mientras caminas. Cuenta hasta que puedas respirar rítmicamente sin hacerlo. Hacer esto una vez al día es bueno, pero hacerlo dos o tres veces es mejor. Después de un mes puedes añadir la siguiente técnica: siéntate derecho, con la cabeza erguida, los pies cruzados a la altura de los tobillos, las manos juntas sobre tu regazo. Inspira profundamente por la nariz contando hasta ocho. Mantén el aire en los pulmones mientras cuentas hasta doce. Cuenta hasta diez mientras espiras por la nariz. Dirige el aire hacia el punto en el que entra en el pasaje nasal desde la garganta. Siente la vibración en este punto. Repite cinco veces. Realiza este ejercicio tres veces al día.

Después de hacer estos ejercicios durante unas pocas semanas, prueba tu energía: separa las manos, luego acércalas hasta que casi se toquen, pero sin llegar a hacerlo. Ahueca las palmas y acerca cada dedo a su dedo correspondiente de la otra mano. Manténlos a, aproximadamente, un centímetro de distancia.

Respira con normalidad. Sentirás la energía vibrar en las puntas de los dedos. En una habitación oscura se puede ver una bruma azulada entre las manos: esa es tu energía del alma.

A medida que vayas dominando la técnica para adquirir, conservar y restaurar la energía psíquica del alma puedes empezar a concentrar tu mente y dirigir tus pensamientos a los centros de energía superior o chakras superiores (los chakras del corazón, la cabeza y la garganta). Cuando estos tres centros están conectados se convierten en un triángulo de poder psíquico. El centro del plexo solar está ubicado entre los centros superiores y los inferiores. Los centros inferiores están ubicados en el estómago, los órganos sexuales y la base de la columna. Éstos últimos ya reciben demasiada atención.

Es posible que estés tan entusiasmado con tu éxito que quieras añadir un mantra, como por ejemplo el OM. Este sonido, así como visualizar los colores, ayudará a estimular tus centros superiores.

Cuando avances hasta usar la siguiente técnica, empezarás a cambiar. Serás consciente de los pensamientos de otras personas. Al principio creerás que son tuyos. Es posible que oigas que te llaman por tu nombre. Esto significa que tu progreso ha sido observado por seres superiores. Uno de ellos puede convertirse en tu maestro espiritual o tu espíritu guía.

La siguiente técnica incorpora el color para conseguir efecto y fortalecer los chakras de la cabeza, el corazón y la garganta:

El corazón: Centra tu atención en tu corazón. Visualízalo en medio de una nube rosa. Inspira mientras cuentas hasta siete. Contén la respiración mientras cuentas hasta diez mientras elevas tu atención hasta el centro de la cabeza. Visualiza una nube rosada en torno a tu cabeza mientras espiras contando hasta siete. Contén la respiración mientras cuentas hasta diez y visualiza la nube rosada envolviendo tu cuerpo.

La garganta: Visualiza una nube azul rodeando tu garganta. Inspira mientras cuentas hasta siete. Eleva tu atención hasta la cabeza. Visualízala bañada por una nube azul mientras espiras contando hasta diez. Contén la respiración contando hasta diez mientas visualizas tu cuerpo envuelto en una nube azul.

La cabeza: Inspira mientras cuentas hasta siete, al tiempo que visualizas una nube blanca rodeando tu glándula pituitaria, ubicada entre los ojos, en el centro de la cabeza. Contén la respiración mientras cuentas hasta diez al tiempo que visualizas una nube blanca rodeando las glándulas pituitaria y pineal. La pineal está ubicada un poco más arriba de la pituitaria en la cabeza, pero ambas están bastante cerca una de otra. Espira mientras cuentas hasta siete. Visualiza tu cabeza rodeada de una nube blanca. Contén la respiración mientras cuentas hasta diez al tiempo que visualizas todo tu cuerpo envuelto en una nube blanca. Haz el sonido Om tres veces. Levántate y saca todo esto de tu mente.

Utilizando estas técnicas harás un verdadero progreso en el desarrollo de tus centros psíquicos. Éstos aumentan considerablemente la velocidad con la que obtienes grandes cantidades de energía psíquica.

Elige cuidadosamente con qué dones psíquicos deseas trabajar. Siempre debes centrar tu atención en el bien que puedes hacer para el planeta y las personas. Utiliza este poder únicamente para el bien; de lo contrario, podría destruirte: tiene la capacidad de echarte abajo, al igual que de fortalecerte. ¡Depende de ti a dónde la dirijas! Recuerda siempre que el poder es poder y que conlleva una gran responsabilidad. Si te permites volverte negativo, esa negatividad aumentará inmensamente.

Si te concentras en los aspectos positivos de tu experiencia descubrirás que tienes más compasión. Serás capaz de distinguir lo verdadero de lo falso. No te dejes engañar por la pasión de los chakras inferiores. Mantén tu atención en los chakras superiores.

Tu mente y tu corazón lucharán por tener una visión más clara, comprensión y humildad. Te encontrarás desarrollando tus talentos psíquicos. Serás parte de una consciencia superior colectiva que en este preciso instante está trabajando para traer paz al mundo y poner fin a la pobreza y el sufrimiento.

Técnica para leer auras

1. Siéntate cómodamente y mira a la persona (o el objeto).

2. Desenfoca ligeramente la mirada, como si miraras a la persona, pero sin verla. Esto se consigue mejor concentrando la mirada aproximadamente entre doce y dieciocho centímetros detrás del sujeto.

3. Cuando la vista se empieza a cansar, el enfoque cambia, convirtiéndose en una mirada que casi no ve.

Uno puede practicar esto con uno mismo utilizando un espejo y bajando la luz. Deja que la habilidad llegue a ti; no la fuerces. No te tenses para ver el aura. Si no lo consigues enseguida, sigue intentándolo con calma y paciencia.

Técnica para fortalecer el aura

1. Imagina un cilindro de luz de aproximadamente dos metros y medio de ancho.

2. Visualízate suspendido en el centro del cilindro

3. Visualiza que la luz es luminosa y blanca, con colores pastel jugueteando a través de ella.

4. Atrae protección espiritual hacia el cilindro pensando en la consciencia universal.

5. Puedes poner música suave mientras realizas este ejercicio. Atrae la música hacia el cilindro.

Técnica para incrementar y conservar tu energía psíquica

1. Colócate de pie delante de una ventana abierta o al aire libre.

2. Estira los brazos horizontalmente.

3. Inspira mientras cuentas hasta cinco.

4. Espira mientras cuentas hasta diez.

5. Repítelo diez veces.

Cuando lleves un mes haciendo el ejercicio de arriba, puedes añadir este otro.

Técnica alternativa

1. Siéntate con la espalda derecha, con la cabeza erguida, los pies cruzados a la altura de los tobillos, las manos entrelazadas sobre tu regazo.

2. Inspira profundamente por la nariz, contando hasta ocho.

3. Mantén el aire en los pulmones mientras cuentas hasta doce.

4. Cuenta hasta diez mientras espiras por la nariz. Dirige el aliento hacia el punto en que entra en el pasaje nasal desde la garganta. Siente las vibraciones en este punto.

5. Repite cinco veces. Haz este ejercicio tres veces al día.

Cuando sientas que estás preparado, puedes añadir los siguientes ejercicios para los chakras.

Chakra del corazón

1. Concentra tu atención en tu chakra del corazón. Visualízalo bañado por una nube rosada.

2. Inspira mientras cuentas hasta siete.

3. Contén la respiración mientras cuentas hasta diez al tiempo que elevas tu atención hacia el centro de la cabeza.

4. Visualiza una nube rosa envolviendo tu cabeza mientras espiras al tiempo que cuentas hasta siete.

5. Contén la respiración mientras cuentas hasta diez al tiempo que visualizas una nube rosada envolviendo todo tu cuerpo.

Chakra de la garganta

1. Visualiza una nube azul envolviendo tu garganta.

2. Inspira mientras cuentas hasta siete.

3. Eleva tu atención hasta la cabeza. Visualízala bañada en una nube azul mientras espiras contando hasta diez.

4. Contén la respiración mientras cuentas hasta diez al tiempo que visualizas todo tu cuerpo envuelto en una nube azul.

Chakra de la corona

1. Inspira mientras cuentas hasta siete al tiempo que visualizas una luz blanca envolviendo la glándula pituitaria en el centro de la cabeza.

2. Contén la respiración mientras cuentas hasta diez al tiempo que visualizas una luz blanca envolviendo a las glándulas pituitaria y pineal, que están muy cerca una de otra.

3. Espira mientras cuentas hasta siete. Visualiza tu cabeza envuelta en una luz blanca.

4. Contén la respiración mientras cuentas hasta diez al tiempo que visualizas todo tu cuerpo envuelto en una luz blanca.

5. Haz el sonido Om tres veces. Levántate y saca todo esto de tu mente.

Capítulo Nueve

....

Sanación metafísica

Toda sanación llega a través de la Energía Divina, Inteligencia Universal, Dios, o como prefieras llamarlo. Tanto si es con el escalpelo de un cirujano, la medicación, la imposición de manos o la sanación psíquica, todo proviene de la fuente Divina. Toda medicina, tanto si es farmacéutica como si es orgánica, proviene de minerales, depósitos en la tierra o fuentes vegetales y animales. Ésta, e incluso el conocimiento de cómo usarla adecuadamente, provienen de la misma Mente Divina.

Hay muchas maneras de ser sanado. Algunas no son tan evidentes. No te confundas creyendo que una sanación es una especie de truco de magia. No tiene por qué ser instantánea. Muchas veces, la sanación es progresiva y tiene lugar en un largo período de tiempo. Algunas sanaciones progresivas ni siquiera necesitan de médicos o medicinas. Muchas veces se producen debido a cambios en el comportamiento, y no a una aproximación médica específica. Por ejemplo, si empiezas a ingerir otros alimentos o a tomar vitaminas o a hacer más ejercicio, sentirás una marcada diferencia en el modo en que te sientes: cuerpo, mente y espíritu.

Una sanación progresiva puede empezar, también, con tu aproximación individual a la espiritualidad. La aproximación espiritual no sólo influye en el cuerpo y en la mente, sino que también tiende a afectar a las fuerzas cósmicas que te rodean. Es posible que, misteriosamente, empieces a estudiar libros positivos sobre la fe o empieces a escuchar cintas sanadoras subliminales. Como tu mente es parte de la Mente Universal, no es ningún accidente que estos cambios te hagan girar en la dirección correcta.

Cuando estableces una meta, tanto si ésta es la sanación como si es otro tipo de iniciativa, la parte Divina de tu mente da un giro definitivo en dirección a la consecución de tu objetivo. Puede ser una ruta con muchas curvas, pero te conducirá directamente a la realización de dicha meta.

La emoción puede ser disuasoria cuando se trata de la sanación metafísica. Es casi una creencia universal que la verdadera medida de nuestra preocupación por un ser querido que está enfermo es llorar y mostrar nuestras emociones. La sanación metafísica exige que tengamos una gran fe. Es imposible preocuparse y tener fe al mismo tiempo. La fe elimina el miedo.

Los grandes sabios y maestros enseñaban que si tenemos fe, incluso si es tan pequeña como una semilla de mostaza, podemos mover montañas; montañas de preocupación, odio, codicia, celos y miedo. Estas montañas de miedo bloquean el canal para nuestra realización. La negatividad debe ser erradicada.

Nunca le ruegues nada a la Fuente Divina. En una ocasión, un alumno me preguntó: «¿Por qué no he tenido ninguna respuesta a mi plegaria a pesar de que he rezado larga y duramente durante tres años?».

«Me acabas de decir por qué no has tenido una respuesta. Si realmente creyeras, ¿necesitarías pedirlo más de una vez? Si yo te ofreciera algo, diciéndote que quiero que lo tengas, ¿alargarías la mano y lo aceptarías o me rogarías que te lo diera?».

La sanación metafísica exige que creas que la curación que deseas ya ha tenido lugar. Esto quiere decir que no puedes tener ni la más ligera duda. Ni siquiera una preocupación pasajera. Tu fe debe ser tan inquebrantable y total que tu subconsciente no pueda aceptar otra realidad. En la visualización estás pintando el cuadro de aquello que deseas. Debes concentrar tu mente superior en esta imagen y pensar en todos los detalles. Tu imagen debe ser tan abarcadora, extensa y completa, que el ojo de tu mente no puede aceptar otra realidad. Combinar la visualización y la fe es de lo que se trata la sanación metafísica.

La técnica: En primer lugar, da gracias a la fuente Divina por sanarte. Luego, pide la sanación. A continuación, forma una imagen en tu mente de aquello que deseas. Espera que se cumpla y siente que lo que has solicitado ya es tuyo. Prepárate para recibirlo. Quizá tengas que ampliar tu capacidad de recibir. Es posible que tengas que realizar algunos cambios. Si es necesario, estáte preparado. Por último, lo único que queda es aceptarlo y dar las gracias. He utilizado este tipo de plegaria metafísica muchas veces con un gran éxito. Las siguientes historias narran cómo esta increíble técnica de sanación me ha ayudado a mí y mi familia.

El sueño

Me encontraba en unas aguas terriblemente frías y turbias. Estaba oscuro y apenas podía ver. Súbitamente, vi a mis dos hijos. Ambos estaban heridos y yo tenía que mantener sus cabezas por encima del agua para evitar que se ahogaran. Ya era bastante difícil mantener a uno de ellos a flote, pero intentar mantener a los dos con vida era casi imposible. Los estaba perdiendo constantemente. Físicamente, yo no era suficientemente fuerte. Estaba claro que lo único que tenía para salvar a mis dos hijos era mi mera fuerza de voluntad. Solamente intentando creer verdaderamente podía llevar a cabo el rescate y lograrlo.

Al día siguiente recibí una llamada. Mis dos hijos, que ya eran adultos y estaban casados, estaban en distintos hospitales. El sueño había sido un presagio. Mi hijo había tenido un accidente automovilístico y su médico me dijo que no había esperanzas. Mi hija estaba en otro hospital para dar a luz a su hijo. Su riñón y el de su bebé habían fallado. Una vez más, me dijeron que no había esperanzas.

Aunque me resultaba muy difícil, yo sabía que no debía ir a ninguno de los dos hospitales. Al querer a mis hijos como los quería, si los veía en tal peligro, mi miedo a perderlos podía impedirme rezar con eficacia. Sus vidas dependían de que yo fuese capaz de ver el resultado final que deseaba: su sanación. Sabía que tenía que visualizarlos como los hijos perfectos de la Fuente Divina, a pesar de lo que los médicos decían. No osé vacilar en mi fe ni un segundo. Mi visualización tenía que ser perfecta.

Me recordé a mí misma constantemente que tenía que hacer mi parte, que consistía en verlos como perfectos, enteros y completos. Le di las gracias a la Presencia Divina por escucharme. A continuación pedí su curación. Luego coloqué una imagen en mi mente. Visualicé a mi hija y su marido en la zona de neonatos, contemplando orgullosos a su pequeño Josh mientras él daba patadas con sus piernecitas y movía sus bracitos. A mi hijo lo visualicé sentado en el salón de su casa diciendo a su mujer y a sus hijos lo feliz que se sentía de estar en casa con ellos. Mis imágenes estaban completas.

Trabajé muy duro durante todo el día hasta entrada la noche para evitar que la duda entrara en mi mente, hasta que caía en la cama exhausta con mis imágenes claramente insertadas en mi consciencia.

No podía hablar de esta tragedia con nadie, ya que ellos podían introducir pensamientos negativos en mis imágenes perfectas. Me aferré a esas imágenes tan estrechamente que perdí todas mis fuerzas. Fue la cosa más difícil que he hecho en toda mi vida.

Durante esta dura prueba, visité a una vidente. No le dije nada. En cuanto me senté, ella exclamó «¡Nunca había visto un control mental así! Agárrese a él. ¡Usted va a ganar!».

«¡Oh, Dios mío!», pensé, «¡Cuánto necesitaba esa reafirmación!». Aunque yo sabía que mi plegaria había sido respondida, el hecho de que otra persona supiera cuán duro estaba trabajando me ayudó.

Aunque algunas personas me juzgaron como alguien sin sentimientos, yo sabía que había hecho la única cosa que salvaría a mis seres queridos. Por supuesto que mi plegaria fue respondida, tal como yo sabía que ocurriría.

Los ojos de Ryan

Otro ejemplo de plegaria positiva fue cuando mi nieto contrajo una infección en los ojos. El oftalmólogo parecía preocupado cuando le dio a mi hija el número de teléfono y la dirección del mejor especialista en ojos del estado.

—He hecho todos los arreglos para que usted vaya inmediatamente a su consulta.

—No lo comprendo. ¿Por qué nos están enviando a un especialista?

—Me temo que su hijo está perdiendo la vista. Quiero que vea si el Dr. Lewis confirma lo que yo he descubierto. Espero equivocarme.

El especialista lo confirmó: Ryan se estaba quedando ciego. La enfermedad había avanzado hasta el punto en que él apenas podía ver. Empezó a estudiar braille. Nunca olvidaré la imagen de cómo le enseñaban a ver el rostro de su madre con los dedos para que pudiera recordar cuál era su aspecto. Desde lo más profundo de mi alma, grité: «¡Esto no puede ser! Los ojos de Ryan están hechos de la esencia Divina y sé que, sin duda, puedo sanarlos».

Mi familia empezó a visualizar a Ryan corriendo, montando su bicicleta y jugando a la pelota como los demás niños. Continuamos haciéndolo hasta la siguiente cita con el oftalmólogo.

—No lo entiendo. Los ojos de Ryan están en perfecto estado. ¡Es un milagro! —dijo el Dr. Lewis.

Ryan es ahora un adulto, es el orgulloso padre de tres niños y ni siquiera usa gafas.

Jimmy y las radiografías

Mi otro nieto, Jimmy, fue atropellado por un coche. Se rompió la pierna, se fracturó la clavícula y sufrió una severa fractura de cráneo. El accidente lo dejó ciego y sordo. El pobre niño ni siquiera se daba cuenta de que sus padres estaban a su lado mientras él yacía en la cama del hospital.

−¡Quiero que vengan mi mamá y mi papá! −decía llorando.

Mi nuera estaba histérica. La llevé a un lado y le dije que debíamos rezar para la sanación de Jimmy y le expliqué que debíamos visualizarlo sano.

−¿Cómo podemos hacer eso, si está sordo, ciego y tiene los huesos rotos? Ni siquiera sabe que estamos aquí con él!

Le expliqué que debíamos hacer lo que habíamos hecho por Ryan y ver a Jimmy como si estuviera perfectamente bien. De modo que empezamos a visualizar a Jimmy tal como estaba antes del accidente.

−¿Recuerdas cómo sanaron los ojos de Ryan? Visualizaremos a Jimmy de la misma manera. Veámoslo como suele ser cuando despierta por la mañana: un niño bullicioso. Veamos a Jimmy como el niño travieso que sabemos que es. Ese médico va a pensar que se equivocó con las radiografías.

Ésta es la parte más difícil de cualquier sanación. Cuando ves a alguien que quieres sufriendo o herido es prácticamente imposible ver más allá del sufrimiento. Es imperativo que veas la solución, no el problema. Recuerda, la definición de fe es: «La sustancia de todo aquello que esperamos; la evidencia de cosas que no vemos».

A la mañana siguiente Jimmy despertó a toda la sala del hospital. Oía perfectamente y sus ojos estaban sanos. El médico entró para ver qué era toda esa conmoción. Salió corriendo y buscó las radiografías originales. Entonces le hizo otras radiografías nuevas.

—¿Cómo puede ser? Éstas no pueden ser las radiografías que le hicimos ayer al niño. No me lo puedo creer.

La noche más larga

Mi marido estaba en el hospital, pues le habían diagnosticado una peritonitis. Necesitaba ser operado urgentemente para impedir que el veneno se extendiera. Sólo había un médico cualificado para realizar la operación, pero no estaba libre hasta la mañana siguiente y la vida de mi marido pendía de un hilo.

Mi hija oyó la conversación y empezó a llorar.

—Papá va a morir, ¿verdad? —preguntó.

Cuando finalmente conseguí que se tranquilizara, le dije:

—Cariño, la razón por la que el médico no lo puede operar esta noche es porque tiene que estar en las mejores condiciones para la operación de tu padre. Veamos a tu padre como si estuviera sano, conduciendo su nueva camioneta y trabajando en el jardín. Esa es la imagen que la Mente Divina está viendo ahora mismo, y todo lo que se nos pide es que nosotras también la veamos. ¿Puedes hacerlo por tu padre?

Ella me aseguró que podía y la envié a casa, diciéndole que se fuese a dormir con esa imagen en su mente. Estuve toda la noche en vela junto a mi marido y visualizando esa imagen todo el tiempo.

Mi marido fue operado al día siguiente. Cuando la operación hubo acabado, el cirujano salió de la sala de operaciones y me dijo: «Nunca sé cuál es el trabajo de Dios y cuál es el mío, pero formamos un gran equipo».

Contra todo pronóstico, mi marido se recuperó por completo.

Sanación a distancia

En las situaciones en que es imposible estar con la persona, la sanación a distancia puede ser el único medio. En muchos casos es mejor que la persona no sepa que uno está realizando un tratamiento de sanación para ella. Si la persona no es creyente, su negatividad puede bloquear la sanación.

Yo llevaba años haciendo tratamientos de sanación cuando descubrí accidentalmente lo que era sanar el cuerpo astral o etérico.

Una noche, mientras conducía el coche en dirección a casa, mi marido empezó a hablarme de su hijo. Este hijo tenía una dolencia muy grave que hacía que tuviera fuertes dolores en los pies y sufriera todo el tiempo. No se podía permitir tomarse el tiempo necesario para operarse, lo cual lo obligaría a estar meses en una silla de ruedas. Al oír a mi marido hablar, me sobrevino una extraña sensación. Supe que si empezaba a hacer una sanación, ahí mismo, en el coche, a kilómetros de distancia de mi hijastro, podía sanar al chico.

–¿Sabes? Si tuviera los pies de Charlie en mis manos ahora mismo, podía sanarlos –dije, queriendo decir que la Mente Divina podía sanarlos a través de mí.

De repente sentí como si realmente tuviera los pies de Charlie en mis manos. Mis manos empezaron a moverse sobre esos pies invisibles, tal como normalmente lo haría si él estuviera presente. Pude sentir esos terribles y gruesos callos haciéndose cada vez más delgados mientras, de una forma casi mecánica, yo trabajaba primero en un pie, luego en el otro. Continué con este tratamiento hasta que llegamos a casa. Esta era una experiencia nueva para mí. Nunca había oído hablar de la sanación del cuerpo astral (etérico).

–Cariño, –dije– quiero que masajees mis pies. Cuando yo empiece a sentir el efecto calmante del masaje, quiero que trasladamos esa sensación a los pies de Charlie.

Los dos juntos visualizamos a Charlie relajándose con el masaje y aceptando la sanación.

Al día siguiente, sonó el teléfono.

—¡Papá, no lo vas a creer! —gritó Charlie. Tú sabes cuánto sufría constantemente a causa de mis pies... Papá, no puedo creerlo, pero te aseguro que mis pies están bien. No he hecho nada, ni lo más mínimo... ¿Cómo puede ser?

Mi marido colocó su mano sobre el teléfono y me indicó que quería que su hijo supiera lo que había sucedido, pero yo le susurré un «¡no!» definitivo.

—¿Por qué no me has dejado que se lo dijera? —me preguntó Louis más tarde.

¿Cómo puedes estar seguro de que Charlie creerá lo que ha ocurrido? Su incredulidad podría invertir la sanación. No podemos correr ese riesgo. Muchas veces los maestros realizan sanaciones a distancia. Creo que eso se debe a que no quieren que ninguna negatividad interfiera.

Pequeñas plegarias

Visité a mi amiga Violeta en el hospital y dije una oración por ella. La señora que se encontraba en la cama de al lado me miraba insistentemente, de modo que pedí una bendición para ella también. Al día siguiente, durante mi visita, no me sorprendió ver que Violeta estaba mejor, pero no pude evitar percibir una notoria mejoría en la mujer de la cama contigua. Entonces recordé que también había dicho una pequeña plegaria para ella.

Incluso las oraciones más pequeñas pueden ayudar, pero no podemos arriesgarnos con plegarias así cuando estamos intentando una verdadera sanación metafísica. En ese caso debemos ser muy serios y concienzudos. Sin embargo, las plegarias casi inconscientes parecen ser muy eficaces. Un ejemplo de esto podría ser cuando oímos el sonido de una sirena y murmuramos una oración para aquellas personas que la necesitan y para quienes están acudiendo a toda velocidad en su ayuda.

Recientemente, mientras me encontraba nadando, oí a una señora decir que estaba preocupada porque tendría que renunciar a ir a Disney World en esas vacaciones porque su hijo no se encontraba nada bien. «Puedo ayudar a que su hijo se sienta mejor», pensé.

Dije una pequeña oración. Cinco minutos más tarde, la fiebre del niño había desaparecido y su hijo se lo estaba pasando de lo más bien; ni rastro de enfermedad.

La causa

La sanación puede tomar muchas formas. Un amigo mío se estaba quejando de su artritis, cuando le dije:

–No pareces ese tipo de persona.

–¿Qué quieres decir con «ese tipo de persona»? –inquirió.

–¿No has oído decir que la artritis puede ser una enfermedad causada por el resentimiento? –le pregunté.

–Oh, yo no resiento nada –dijo pensativo, mientras se tocaba el mentón con la mano. Bueno, quizá resienta mi divorcio –continuó–. Me quitó mi negocio.

–Esto, –le dije levantando el dedo– ha sido provocado por el resentimiento por el divorcio. Una mañana, poco después de divorciarme, desperté con un gran dolor en el dedo. Me sorprendí al ver que la articulación estaba toda hinchada y había crecido en tamaño.

Continué contándole cuánto había resentido que mi primer marido quisiera divorciarse después de haberme estado persiguiendo durante un año y medio. Yo no había sido la que quería casarse y luego, después de haberle dicho que sí, él decidió que el matrimonio no estaba funcionando. Yo no soy de las que tiran la toalla y resentí que me hiciera parecer una de esas personas. Sabía que si no me liberaba del resentimiento, todos mis dedos acabarían así.

Perdoné a mi marido y luego me perdoné a mí misma por haber permitido el resentimiento. Mi nudoso dedo índice (el dedo acusador) me recuerda que nunca debo sentir resentimiento por nada.

Recuerdo una conversación con una amiga a la que no había visto en mucho tiempo. Me sorprendió enterarme de que había desarrollado un severo caso de artritis.

—¿Qué es lo que resientes con tanta intensidad? —le pregunté.

Me miró un tanto asombrada ante mi brusquedad y empezó a negarlo, pero finalmente me respondió.

—Te lo diré. Siento resentimiento por el negocio de mi marido y por las largas horas que pasamos trabajando. Este negocio nos está robando el tiempo para estar juntos. Nunca podemos ir a ninguna parte. Sí, siento resentimiento por su negocio de lavandería —declaró enfáticamente, como si fuese un alivio haberlo dicho, finalmente, mientras se frotaba primero una mano y luego la otra.

—¿Qué tipo de negocio te gustaría tener? —le pregunté.

Empezó a describir lo que realmente quería hacer: tener como negocio un criadero de plantas. Había estudiado horticultura y le encantaban los arreglos florales. Fue maravilloso ver cómo se le iluminaba el rostro mientras hablaba.

—¿Cuánto dolor tienes ahora? —le pregunté.

—Bueno, nada. Las manos suelen dolerme siempre, pero ahora mismo no siento absolutamente ningún dolor.

—El dolor se fue junto con la necesidad de estar resentida —le dije.

Ella le contó a su marido todo lo que había sucedido. Él reconoció la necesidad de un cambio en sus vidas y actualmente tienen un criadero de plantas muy exitoso y mi amiga está libre de la artritis.

No estoy diciendo que la artritis esté siempre causada por el resentimiento, pero si una mañana despiertas con dolores artríticos, sería sabio analizarlo. El dolor emocional puede provocar también dolor físico. Hallar la conexión emocional con ese dolor puede ser el primer paso en la sanación de eso que te afecta.

Existe una fórmula para la sanación metafísica: no importa cuál sea la causa, la respuesta es la visualización y la fe.

Técnica para la sanación metafísica

1. Quédate en silencio.

2. Relájate y concéntrate en tu respiración.

3. Relájate cada vez más con cada respiración.

4. Agradece a la Fuente Divina por escucharte.

5. Pide la sanación, formando una imagen completa en tu mente de la persona haciendo las cosas que normalmente haría si estuviera sana.

6. Niégate a verla como una persona incapacitada de cualquier modo.

7. Prepárate para el regreso a casa de esa persona.

8. Visualiza una imagen completa de la celebración teniendo lugar.

9. Acéptalo y da las gracias.

Capítulo diez

■ ■ ■ ■ ■ ■ ■ ■ ■ ■

Reencarnación:
¿Hemos vivido antes?

¿Hemos vivido antes? ¿Te gustaría descubrir quién fuiste en una vida pasada? Muchas personalidades famosas de todos los tiempos, incluidos algunos de los más grandes filósofos, escritores, músicos, poetas, artistas, científicos, inventores y estadistas han creído en la reencarnación.

En la antigua Grecia, fueron Pitágoras, Platón y Plotino. En tiempos más recientes, los europeos que creían en ella incluyen a Richard Wagner, Gustav Mahler, Paul Gauguin, Wassily Kandinsky, Leonardo da Vinci, Voltaire, James Joyce, Johann Wolfgang von Goethe, Gustave Flaubert, William Butler Yeats, John Milton, William Blake, Percy Bysshe Shelley, Alfred Lord Tennyson, Samuel Taylor Coleridge, George Eliot, George Sand, Albert Schweitzer, Carl Jung, Mohandas Gandhi y Robert y Elizabeth Barret Browning. Entre los norteamericanos están Benjamin Franklin, Mark Twain, Emily Dickenson, Henry David Thoreau, William James, Ralph Waldo Emerson, Louisa May Alcott, Walt Whitman, Henry Wadsworth Longfellow, Charles Lindbergh, James Lowell y Henry Ford.

A lo largo de la historia de la humanidad, en todas las sociedades y civilizaciones, los seres humanos se han esforzado por encontrar las respuestas a la injusticia y aleatoriedad de la vida. Los conceptos de reencarnación y karma ofrecen una respuesta a las aparentes desigualdades de la vida. ¿Por qué nace ciega una persona? ¿Por qué nace alguien rico, o pobre?

La reencarnación es el proceso mediante el cual regresamos al plano terrestre una y otra vez con la esperanza de avanzar hacia una esfera de consciencia más elevada. Creer en la reencarnación es creer que el alma nunca muere

Cuando uno muere, el ama no muere con el cuerpo físico. El alma es eterna. Continúa viviendo en el mundo etérico o astral durante diversos lapsos de tiempo y luego elige volver a encarnarse en el plano físico.

En estas encarnaciones el alma individual experimenta una variedad de vidas diferentes, adquiere muchas experiencias y adopta diversas personalidades. Cada vida le proporciona al alma una variedad de lecciones. El alma elige distintas épocas, culturas y entornos sociales, lo cual le permite tener experiencias emocionales e intelectuales variadas. Cuando las lecciones son aprendidas y el alma ha llegado tan lejos como puede, pasa al siguiente nivel y así sucesivamente, hasta que sale de la rueda de la reencarnación.

Sabiendo esto, ¿mentiría uno, robaría o engañaría, sólo para regresar a otra vida y quizá tener que pagar por el mal que ha hecho, o sufrir ese mismo mal? Nuestras vidas son la consecuencia de nuestras propias acciones, que surgen de nuestros pensamientos, nuestras palabras y emociones. Creer que volveremos a vivir nos da una razón para comportarnos lo mejor que podemos en esta vida.

La reencarnación fue aceptada como una creencia normal en todas las antiguas civilizaciones, no sólo en Oriente, sino en toda la Europa pagana. Varias civilizaciones, como la celta, la hindú, la china, la griega y la de los nativos americanos, creían en la reencarnación. La creencia en la continuidad de la existencia ha sido transmitida a través de mitos, leyendas, textos sagrados y rituales de diferentes culturas.

En ocasiones, a los occidentales les cuesta aceptar la reencarnación porque contradice muchas creencias judeocristianas.

Fue prohibida por la iglesia cristiana, aunque la reencarnación había formado parte de la doctrina de los primeros cristianos.

En el año 533 d.C., el Segundo Concilio de Constantinopla estableció el siguiente decreto: «Quienquiera que apoye la doctrina mítica de la preexistencia del alma y la consecuente opinión maravillosa (imposible) de su regreso, que sea un anatema». Aquellos que antes habían sido considerados santos y fundadores del cristianismo fueron declarados herejes y excomulgados oficialmente de la iglesia.

¿Por qué la primera iglesia cristiana eliminó la reencarnación de su dogma religioso? Porque le quitaba poder a los sacerdotes y a las iglesias, y se lo daba al individuo, poniendo énfasis en la responsabilidad personal, la libertad de elección y la capacidad de la persona de crear su propio destino. Las implicaciones morales inherentes en la ley de la reencarnación y el karma nos conducían, inevitablemente, a esta conclusión: nosotros mismos somos los únicos responsables de nuestra situación en la vida, tanto si es buena como si es mala.

¿Has estado alguna vez en un lugar o has conocido a alguien, sabiendo que nunca habías estado ahí o conocido a esa persona y, sin embargo, todo te ha resultado muy familiar? En su libro *Earthly Purpose*, Dick Sutphen, una conocido regresionista a vidas pasadas, describe una civilización en Teotihuacán cuya sociedad rivalizaba con la magnificencia de la antigua Roma. Habla de un Círculo Atlántico secreto y sus juramentos de volver a reencarnarse en la Tierra cada 700 años. Esta civilización duró mil años.

Sutphen cree que hay veinticinco mil personas de este grupo viviendo actualmente en la Tierra. Después de la publicación del libro, descubrimientos independientes adicionales en los yacimientos arqueológicos de Teotihuacán apoyaron de una forma sólida y precisa la información de Dick.

El periodista John Walters escribe: «La aceptación de la teoría del karma y el renacimiento solucionará muchos problemas relacionados con la vida que antes parecían insolubles. Aporta una explicación razonable a las circunstancias y los hechos, a las tragedias y las comedias de la vida que, de otro modo, harían que el mundo pareciera un enorme manicomio o el juguete de una deidad enloquecida».

Durante una conversación con una amigo, el compositor Gustav Mahler dijo: «Todos regresamos. Esta certeza es lo que le da significado a la vida, y no hace ninguna diferencia si en una encarnación posterior recordamos, o no, esta vida. Lo que cuenta no es el individuo y su comodidad, sino la gran aspiración hacia lo perfecto y lo puro que continúa en cada encarnación».

Louisa May Alcott, autora de *Mujercitas*, escribió en una carta a una amiga: «Creo que la inmortalidad es el paso de un alma por muchas vidas o experiencias; y según son verdaderamente vividas, usadas y aprendidas, ayudan a la siguiente, cada una de ellas haciéndose más rica, más feliz y más elevada, llevando con ella solamente los recuerdos reales de lo que ha sucedido antes».

El general George Patton creía haber sido soldado en otras vidas. Fue soldado en la antigua Troya y caballero en las Cruzadas; sirvió a los Estuardo en Escocia y fue mariscal de Napoleón. Durante su comandancia en Langres, Francia, cuando un soldado se ofreció voluntario para enseñarle el lugar, él respondió que no sería necesario. Lo conocía de otra vida.

La novelista Joan Grant escribe: «... siete libros míos que para mí son biografías de vidas pasadas han sido publicados como novelas históricas...»:

El gran poeta y dramaturgo alemán Johann Wolfgang von Goethe dijo: «El genio humano, en una ráfaga de recuerdos, puede descubrir las leyes implicadas en la producción del universo, porque estuvo presente cuando dichas leyes fueron establecidas. Tengo la certeza de que he estado aquí antes, mil veces, y espero regresar mil veces más».

El renombrado compositor Richard Wagner, en una carta a un amigo, escribió: «En contraste con la reencarnación y el karma, todos los demás puntos de vista parecen insignificantes y estrechos. Sólo la profundamente concebida idea de la reencarnación podría darme algún consuelo, ya que dicha creencia muestra que, al final, todo puede alcanzar la redención total».

Cada uno de estos grandes pensadores creía en la reencarnación. Las leyes de la muerte y el renacimiento se convirtieron en herramientas útiles en sus descubrimientos sobre la vida y el amor.

Muchas veces los problemas aparentemente insolubles en esta vida pueden ser rastreados hasta llegar a pautas establecidas en vidas pasadas. Morris Netherton hace referencia al *puente somático*. La mente y el cuerpo no pueden ser separados. Él dice que para cada problema físico hay un equivalente emocional, el cual suele encontrarse en un hecho traumático ocurrido en otra encarnación.

Aunque muchas personas se horrorizarían al conocer las cosas que han hecho o que les han sucedido en vidas pasadas, descubrir estos acontecimientos puede tener un importante impacto en tu vida actual. Descubrir hechos negativos del pasado puede liberar energías que causan serios problemas físicos y emocionales en el presente.

Una aproximación eficaz a dichos problemas físicos y emocionales es a través de la hipnosis y la terapia de regresión a vidas pasadas. Esto te permite buscar el trauma que está creando el problema en esta vida. El hipnotizador o regresionista entrenado te da instrucciones mientras estás bajo la hipnosis sobre cómo localizar el incidente que, en una vida pasada, provocó el problema actual o contribuyó a su aparición.

Una fobia en tu vida actual puede ser el resultado de un recuerdo inconsciente de una muerte en otra encarnación. Una profunda depresión puede ser vista como una ira congelada proveniente de una encarnación anterior. Trabajar estas emociones basadas en el miedo hasta el punto de llegar al perdón total puede abrir el camino hacia la plena expresión y experiencias de amor hasta llegar a la curación total.

El comportamiento de mi nieto apoya mi creencia en la reencarnación. Creemos que Josh es la reencarnación de su abuelo ya fallecido, un ingeniero ferroviario que amaba las locomotoras. Cuando Josh era un bebé diminuto, su abuela compró una pintura de una locomotora y la colgó en la pared de la habitación del niño. Aunque él tenía menos de un año, su entusiasmo por ese cuadro fue inequívoco. Años más tarde, cuando su madre le regaló un tren de juguete, ¡se sintió extático! Apenas podía hablar, y dijo: «Mami, cuando yo estaba ahí», dijo señalando hacia arriba, «yo era mi abuelo, pero decidí bajar aquí para ser tu niño».

Sin duda, los niños prodigio son suficiente prueba de que existen las vidas pasadas. ¿Dónde podrían haber obtenido tales conocimientos si no es en una vida anterior? ¿Cómo podía Mozart componer complicadas piezas musicales antes de los cinco años de edad? ¿Cómo se explica que Josef Hofmann tocara el piano como un experto a la edad de año y medio? Y está el caso de Rosemary Brown, una médium inglesa que se hizo famosa como supuesto canal de Liszt, Chopin, Beethoven, Brahms, Debussy, Schubert, Schumann, Bach y otros. Ellos le dictaban composiciones desde el mundo del espíritu. Ella sólo había recibido unas pocas lecciones de piano y no tenía ninguna preparación especial como músico. Cuando estos grandes compositores de otro mundo llegaban a ella, era capaz de memorizar y tocar sus composiciones como una experta en veinte minutos.

El *London Psychic News* afirmó: «El fenómeno de los logros de Rosemary Brown presenta un desafío... que no puede ser descartado con alguna explicación fácil. Quizás la reunión de los mejores compositores del mundo ya fallecidos tiene la intención de demostrar la supervivencia después de la muerte con el fin de disipar nuestras dudas y miedos respecto a la vida después de la muerte».

¿Te gustaría descubrir quién fuiste en una vida pasada? Recuerda que la memoria activa sólo es una pequeña parte de la consciencia normal de vigilia y que la mente subconsciente registra todas las impresiones y experiencias pasadas. Puedes acceder a esos recuerdos almacenados en tu memoria subconsciente con una sencilla técnica de reflejo que te permitirá descubrirlos sin necesidad de la hipnosis o la regresión a vidas pasadas. También puedes utilizar esta técnica para explorar el ínterin entre vidas.

Una mujer se sorprendió cuando vio a un hombre en el espejo. Nunca había pensado que había sido un hombre y empezó a reír. «Cuando yo reí, él me miró con seriedad», me dijo ella. «No le pareció gracioso».

Este ejercicio debería hacerse igual que las demás prácticas metafísicas, con técnicas de respiración y de relajación adecuadas. Se pueden esperar resultados óptimos si ésta técnica se utiliza de noche.

Técnica para descubrir vidas pasadas

1. Baja las luces, o apágalas, y siéntate en una silla cómoda delante de un espejo con una vela encendida a tu izquierda.

2. Concéntrate en tu respiración. Cuenta las inspiraciones y las espiraciones. Relájate cada vez más cada vez que respires. Conviértete en uno con los ritmos de tu respiración.

3. Mantén los ojos semicerrados y desenfocados. Deja que tu cuerpo se vuelva casi flácido mientras te relajas por completo.

4. Mira fijamente tus propios ojos en el espejo, pensando: «Quiero saber quién era yo en otra vida».

5. Tus ojos empezarán a lagrimear. Mantén la mirada fija en el reflejo de tus ojos en el espejo.

6. El espejo empezará a rielar. Esto significa que estás teniendo éxito.

7. Empezará a emerger una imagen. Ésta se hará cada vez más nítida. Puede ser un rostro o un suceso de tu vida pasada que está siendo representado. En ocasiones aparece una sucesión de encarnaciones pasadas.

Capítulo Once
■ ■ ■ ■ ■ ■ ■ ■ ■ ■ ■ ■

Comunicarnos con los muertos

¿Alguna vez has deseado poder comunicarte con alguien que ya ha fallecido? ¿O sientes que un ser querido te fue arrebatado demasiado pronto? Puedes comunicarte con estos amigos y seres queridos que se han ido y, de hecho, es posible que ya lo hayas hecho.

Uno de los aspectos más emocionantes de mi trabajo es el fenómeno de comunicarme con los muertos. He sido testigo de una gran cantidad de fenómenos relacionados con la experiencia de la muerte. Muchos años de estudios y entrenamiento metafísicos me han enseñado que, ciertamente, hay mundos duplicados, el visible y el invisible, el físico y el astral. Entiendo que no hay muerte tal como la conocemos, sino una nueva dimensión mucho más espléndida que cualquier cosa que pueda haber sobre la Tierra.

La visión del mundo oriental respecto a los muertos (las leyes del karma y la reencarnación) nos enseña que la muerte no es un final, sino un continuo proceso de aprendizaje y renacimiento. Con cada nuevo ciclo de vida estamos avanzando continuamente hacia una esfera más elevada de consciencia.

Incluso en nuestra cultura occidental, la promesa del amor celestial se revela en el relato de experiencias de muerte y del glorioso túnel de luz que nos espera al otro lado. La muerte es un comienzo. Es un avance hacia el conocimiento y la luz. ¿Por qué, entonces, es la idea de la muerte (la propia y la de los demás) causa de tanto dolor y miedo?

Gran parte del dolor que sentimos cuando perdemos a un ser querido se centra en torno a nuestra incapacidad de intercambiar palabras e ideas con la persona fallecida. No podemos, por ejemplo, levantar el teléfono y preguntarle dónde está, si está bien, si tiene miedo.

Para seguir comunicándote con esos seres queridos que ya no están en esta dimensión debes aprender a oír y hablar de otras maneras. Tienes que aprender a confiar en tus sentimientos e intuiciones. No es infrecuente soñar con un ser querido, una abuela o un amigo, y luego oír al día siguiente que ha muerto el mismo día que apareció en nuestro sueño. ¡Los seres queridos se están comunicando con nosotros todo el tiempo!

Esta es la historia de cómo mi hija se puso en contacto conmigo después de su muerte. Era el día del funeral; Debbie sólo tenía dieciocho años cuando murió. Me preguntaba cómo podíamos seguir adelante sin ella. ¡Ojalá no hubiera tenido que verla en ese féretro, tan delgada y avejentada a causa de los estragos de un cáncer terminal! Creí que mis piernas me fallarían mientras me dirigía a la funeraria.

Al entrar, noté que había mucha gente charlando en voz baja. Todas las personas que había en la sala estaban presentando sus respetos a Debbie y compartiendo historias sobre la maravillosa persona que había sido. Pero saber que era tan querida por sus compañeros de estudios y sus familias era de poco consuelo. ¡Mi hija se había marchado y el corazón se me estaba rompiendo!

Mientras atravesaba la sala en dirección al féretro, oí un sonido muy familiar. ¡Oí a Debbie reír! Siempre había reído mucho. Miré hacia arriba, hacia el techo, de donde provenía su voz. No la vi, pero en ese momento dijo en voz alta: «Mamá, no creerás que soy *yo* la que está en ese cajón, ¿verdad?».

«¿Debbie?».

Miré a mi alrededor esperando ver señales de que los demás también habían oído su voz. Era obvio que ninguna de las personas que se encontraban en la sala la había oído, excepto yo. Decidí que debía estar delirando a causa de la tristeza. No estaba preparada para aceptar que lo que había experimentado era real. A lo largo de los años he desarrollado mis habilidades psíquicas para ayudar a otras personas en momentos de necesidad, pero en mi propia vida estaba dispuesta a descartar esta comunicación de mi hija, ¡como si se tratara de una alucinación inducida! Estaba dispuesta a creer que simplemente todo había sido producto de mi imaginación.

Pronto me di cuenta de que oír la voz de Debbie había tenido un profundo efecto en mí. Me invadió una sensación de calma. De golpe, supe que todo iría bien. Era como si su voz me hubiera liberado de mi pena. La tristeza desapareció. No había sido una alucinación, sino la manera de Debbie de hacerme saber que estaba bien.

Más tarde, mi otra hija fue a la funeraria a presentar sus respetos. Cuando regresó a casa, me llamó a su habitación.

–Mamá, –me dijo– tengo una crisis nerviosa. Tú sabes cuánto quería a Debbie. ¡Creo que su muerte ha sido demasiado para mí!

Entonces me contó que ella también había oído la voz de Debbie. Ésta se había reído y le había dicho las mismas palabras.

–¿Estoy teniendo una crisis nerviosa, Mamá? Nadie en la sala la oyó, excepto yo, ¡y fue fuerte, Mamá! Fue tan agradable volver a oír su voz. El dolor desapareció. ¿Cómo es posible que mi pena se haya esfumado así? No entiendo nada.

–A mí me dijo las mismas palabras. Después soltó una risita, como solía hacer tan a menudo. ¡Y mi pena también desapareció! Yo tampoco lo entiendo, cariño. Tiene que haber sido su manera de aliviar nuestro dolor –respondí.

Mi hija lo confirmó. El mensaje de Debbie era real. Nunca volvimos a sentir ese tipo de pena en respecto a Debbie desde entonces. Su risa nos aseguró que, dondequiera que esté, está bien. Nuestras mentes están tranquilas sabiéndolo.

He aquí una sencilla técnica para comunicarte con un ser querido que ya ha fallecido. Incluye la psicometría: utilizar un objeto que solía pertenecer a la persona con la que estás intentando contactar. Elige una joya o una prenda de vestir. Asegúrate de que el objeto que utilices sea algo que le gustaba a esa persona y hacia el cual tenía buenos sentimientos. Esta técnica debería realizarse después de los ejercicios de respiración y relajación para liberar tu mente de cualquier distracción.

Siéntate en una silla cómoda, teniendo cerca una libreta y un bolígrafo para tomar notas más tarde. Cuando hayas terminado tus ejercicios de relajación y respiración, visualiza todo tu cuerpo rodeado por una luz clara, incolora. Visualiza que la luz cubre tu cuerpo como un escudo de energía protectora positiva.

Empieza a llenar tu mente con imágenes de la persona a la que estás intentando contactar. Imagínala en sus mejores momentos. Es importante crear una imagen vívida y dinámica de la persona que tienes en mente, para que puedas ver las fuerzas vitales que funcionan en su interior.

Sostén el objeto en tu mano. Las imágenes empezarán a aparecer inmediatamente. No intentes controlarlas. Deja que tu subconsciente las reciba. Recuerda, tu subconsciente registrará todos los detalles. Es posible que empieces a oír palabras. Al principio puede parecerte que tú las estás creando, pero no cuestiones los mensajes. Deja que tu subconsciente lo recuerde todo.

Cuando hayas terminado, coloca el objeto en una mesa cercana y empieza a escribir tus impresiones. ¿Qué viste y oíste? No corrijas lo que escribas; limítate a ponerlo sobre el papel. Una vez hayas terminado, deberías empezar a tratar de interpretar lo que has escrito. Es muy importante que no corrijas a posteriori los mensajes que recibas. Estos mensajes vienen en diversas formas y a veces uno los recibe cuando menos lo espera.

Justo después de la muerte de mi hermano recibí un mensaje así. Muchos años antes Jim y yo habíamos hecho un pacto: el que muriera primero debía regresar y comunicarse desde el otro lado. Desde que murió, Jim me ha hecho algunas visitas memorables.

Un día, estaba caminado por la sala de estar cuando un libro salió volando de no sé dónde y aterrizó en mi camino, justo donde yo estaba a punto de poner el pie, abierto en ciertas páginas. Lo recogí y leí el pasaje. Era sobre «la vida después de la muerte». Lo mismo sucedió aproximadamente dos días más tarde con otro libro, y éste contenía el mismo mensaje.

El reloj de pulsera de mi hermano es un misterio. Suena cada noche a la hora de su muerte. Nunca le hemos cambiado las pilas, pero el pitido llena la habitación todas las noches a la 1:15. Yo podría haber elegido ver todas estas cosas como una coincidencia. La gravedad hace que los objetos caigan, los relojes tienen alarmas incorporadas. Son explicaciones perfectamente razonables, ¿verdad? Podría haber elegido ignorar el hecho de que mi hermano me hizo la promesa de ponerse en contacto conmigo después de su muerte. Pero, en lugar de eso, elegí ver la verdad. Mi hermano se ha puesto en contacto.

Las experiencias místicas llegan en varias formas. Pueden parecer sueños, pero estos sucesos son reales. Necesitas aprender a confiar en que lo que has experimentado no es, simplemente, tu imaginación. Yo tuve una extraña visión o experiencia fuera del cuerpo en la cual realmente discutía con una presencia que parecía ser un mensajero, un ángel de la muerte, un Gabriel. Estoy muy segura de que no estaba dormida. Sé que no fue un sueño. La experiencia visual tenía todas las cualidades de un hecho de la vida real. Pude ver claramente el halo dorado en torno a su cabeza y su luminosa túnica blanca, e incluso los variados tonos de blanco en sus alas. Recuerdo que miré por la ventana y vi hinchadas nubes blancas en el cielo azul.

Me encontraba en la cocina cuando, súbitamente, él apareció ante mí. Yo era consciente de la zona de desayuno verde clara, los electrodomésticos blancos y las baldosas multicolor en el suelo. Podía ver e identificar todos los colores que había en la habitación. No había sido un sueño.

Permanecimos junto a la ventana mientras él anunciaba:

—He venido a buscarte.

—Mala suerte. No pienso ir a ninguna parte contigo —respondí mirándole directamente a los ojos—. Mis hijos me necesitan.

—Me parece que no lo entiendes. Esto no es discutible, ni es una petición.

—Oh, claro que lo entiendo, pero NO pienso irme contigo —respondí con firmeza.

—No tienes nada que decir en este asunto —replicó él.

—Mira, me quedan, por lo menos, diez buenos años en este cuerpo, ¡y tengo la intención de aprovechar cada uno de ellos!

—¿Y qué se supone que les tengo que decir a los de arriba? ¿Cómo les voy a explicar esta incapacidad de completar mi tarea? —murmuró.

—Eso no es asunto mío. Mi interés es vivir para criar a mis hijos y debo completar esa tarea —respondí.

Lo observé mientras se marchaba, elevándose cada vez más con cada paso que daba. Movía la cabeza negativamente y murmuraba algo para sí. Sea lo que fuere que les dijo a los de ahí arriba, debe haber quedado registrado, pues lo que sucedió a continuación me cambió la vida para siempre. Yo demostraría, sin lugar a dudas, que me habían mandado buscar: no había sido un sueño.

La experiencia de muerte

La muerte es un misterio. La mayoría de nosotros no es capaz de predecir cómo será *la vida después de la muerte*. Sólo podemos esperar que nuestra alma siga su camino con paz y luz, pero la verdadera naturaleza de la muerte sólo nos puede ser revelada cuando realmente tiene lugar.

En 1985 me ocurrió a mí. Me puse enferma y tuve que someterme a una operación muy peligrosa. Mi médico fue muy cándido respecto a los riesgos implicados y, cuando entré en el hospital, yo sabía que quizá no sobreviviría. Mi marido y yo tuvimos que prepararnos para lo que el futuro nos deparara.

Yo estaba felizmente casada, tenía dos niños pequeños y no podía soportar pensar que quizá fuera separada de mi familia. ¿Cómo manejaría mi marido una situación de esta magnitud? ¿Cómo podría criar a dos niños pequeños él solo? ¡Mi familia era mi cielo en la Tierra! ¿Me perdería sus triunfos... sus logros... y los errores duramente aprendidos?

Morí en la mesa de operaciones.

Nada, en todos esos años de trabajo metafísico, me había preparado para la increíble maravilla del Amor Divino. Súbitamente fui rodeada por una hermosa luz resplandeciente. Era cálida y estaba llena de amor. Pude sentir que mi espíritu se liberaba de mi cuerpo, mientras yo empezaba a flotar. Era liviana como una pluma, flotando hacia arriba, sin ningún peso. Fue como si la prisión que yo había querido, mi cuerpo, ya no existiera. Era libre como el aire, sin cargas.

Mientras flotaba hacia arriba, hacia esa pura luz blanca, sentí que me volvía una con la luminescencia. Yo no era nada, pero me estaba convirtiendo en parte de todo lo que es.

Siempre supe que Dios, la Inteligencia Universal, o como uno elija llamar a la «Presencia Todopoderosa», era descrito como luz. «Entonces, esto es lo que significa la frase 'Volvemos a la Divinidad de la que provenimos'».

No hay palabras en el idioma inglés que realmente puedan describir la euforia y el amor que sentí al abandonar mi cuerpo. Fue tan hermoso y satisfactorio que, por primera vez, no pensé en mi marido y en los hijos que dejaba atrás. ¡Estaba en casa! No había ningún pensamiento, ¡sólo pura euforia!

Pero no estaba destinada a permanecer en ese reino de luz y amor durante mucho tiempo. Fui devuelta. Estaba claro. Yo había hablado con el mensajero y me había negado a irme con él. Semanas antes de mi operación había decidido que no estaba preparada para morir. No había sido un sueño.

Cuando recuperé el conocimiento, me sentí muy deprimida. Durante mi experiencia de muerte, el calor y el amor que había sentido habían sido tan irresistibles que hubiera preferido quedarme en el otro lado. Esto resulta difícil de comprender para las personas, a menos que lo hayan experimentado por sí mismas. Lo que yo había considerado como «mi Cielo en la Tierra» (el amor por mi familia) era poca cosa en comparación con el amor incondicional que había experimentado al morir.

La vida nunca volvería a ser la misma. Pronto me di cuenta de por qué había sido devuelta. Mis habilidades psíquicas aumentaron, especialmente en el ámbito de la clarividencia y la sanación. Debía utilizar estas nuevas habilidades para ayudar a los demás. Desde entonces han ocurrido muchas cosas extrañas en mi vida. Prácticamente no hay nada difícil de creer.

No se debe temer la muerte. Es un momento de gran consuelo y luz. Muchos de nosotros tenemos un abrumador *miedo* a la muerte. Nuestra cultura nos ha proporcionado un asombroso número de asociaciones negativas con la muerte: el cementerio embrujado, etc. ¿Es de extrañar que temamos cómo podría ser?

Si tú, como muchos de nosotros, temes por tus seres queridos que ya han cruzado la frontera, existe una técnica muy sencilla que puedes utilizar para comunicarte con ellos. Pídeles que vengan a ti en tus sueños.

Antes de irte a dormir, respira profundamente unas cuantas veces, relajándote cada vez más al hacerlo. Mantén los ojos cerrados y sigue respirando. Con cada respiración, nota que estás cada vez más pesado. Continúa concentrándote en tu respiración. Tu cabeza pesa sobre la almohada. Tus ojos pesan mucho. Quieres dormirte pero todavía no debes permitírtelo.

Sientes una profunda pesadez en todo el cuerpo. Tu respiración se hace cada vez más profunda. Te invade una vaga somnolencia. Ahora estás en un estado hipnogógico. Todo está lejos, muy lejos. Toda tensión ha desaparecido. Has impedido que nada entre en tu mente.

Empieza a decir estas palabras una y otra vez: «Soñaré con _____». No tienes que decir estas palabras en voz alta, pero debes continuar repitiéndolas en tu cabeza. «Esta noche, soñaré con _____. Soñaré con _____. Esta noche soñaré con _____. Soñaré con _____».

Al final entrarás profundamente en la frecuencia theta y acabarás quedándote dormido. Asegúrate de dejar una libreta de anotaciones y un bolígrafo junto a tu cama para tomar notas por la mañana.

Tu experiencia onírica será muy útil para aliviar cualquier pena o dolor que sientas por la pérdida de un ser querido. Hay muchas maneras de aprender cosas sobre la experiencia de muerte: el viaje astral, la regresión a vidas pasadas y comunicarte con los espíritus que permanecen a la Tierra. Todas estas técnicas, si se utilizan adecuadamente, ayudan a volver a ponerte en contacto con quienes ya no están en nuestro mundo cotidiano.

Técnica para comunicarte con un ser querido: Psicometría

1. Elije un objeto que haya pertenecido a la persona con la que estás intentando contactar.

2. Siéntate en una silla cómoda. Deja una libreta y un bolígrafo junto a tu cama.

3. Despeja tu mente y concéntrate en la respiración. Inspira mientras cuentas hasta cinco. Expira mientras cuentas hasta siete. Relájate por completo.

4. Visualiza una luz clara y protectora rodeando todo tu cuerpo.

5. Empieza a llenar tu mente con imágenes vívidas y dinámicas de la persona con la que estás intentando contactar.

6. Sostén el objeto en tu mano. Empezarán a aparecer imágenes. Comenzarán a formarse palabras en tu cabeza. Tu

subconsciente registrará todos los detalles. Deja que todas las impresiones lleguen a ti: **¡No las corrijas!**

7. Cuando hayas terminado, escribe todas tus impresiones. Tu subconsciente las recordará todas.

Técnica para comunicarte con los muertos: los sueños

1. Deja un bolígrafo y una libreta de notas junto a tu cama y acuéstate.

2. Concéntrate en tu respiración y relájate por completo.

3. Siéntete muy adormecido... siente una pesadez en todo el cuerpo.

4. No te quedes dormido; sólo relájate por completo.

5. Empieza a decir estas palabras: «Soñaré con _____. Esta noche soñaré con _____». Continúa repitiendo estas palabras una y otra vez hasta que te quedes dormido. No es necesario que las digas en voz alta.

6. Al despertar, toma notas cuanto antes.

En resumen, si sientes la presencia del espíritu de un ser querido, ¡no te alarmes! No existe la muerte tal como la conocemos. La vida es un proceso continuo y no tiene fin. Eso es la eternidad. Si tuvieras una experiencia fuera del cuerpo, o de muerte, nunca más tendrías miedo a la muerte. Pregúntale a cualquiera que haya tenido la suerte de experimentar este fenómeno.